Branchenstiftungen in Österreich

Manfred Saurug, Peter Stoppacher und
Renate Zingerle

Branchenstiftungen in Österreich

Die Entwicklung eines Modells

Herausgegeben vom
Arbeitsmarktservice Österreich

Wissenschaftsverlag

Zu dieser Studie liegt ein **Materialienband** vor, in dem die Ergebnisse einzelner Fragestellungen der Untersuchung nach Bundesländern bzw. Bezirken ausgewertet dargestellt werden. Auch der Materialienband ist über den Wissenschaftsverlag, Neustiftgasse 17/6, 1070 Wien, zu beziehen.

Medieninhaber und Herausgeber: Arbeitsmarktservice Österreich, Forschung und Entwicklung · **Wissenschaftliche Redaktion:** L&R Sozialforschung, Wien · **Graphische Gesamtgestaltung:** Deisenberger und Lübke, Wien · **Umschlagfotografie:** Buenos Dias Bildagentur, Wien · **Lektorat:** Wolfgang Astelbauer, Wien · **Satz:** Zehetner Ges. m. b. H., Oberrohrbach · **Repro, Druck und Bindung:** Agens-Werk Geyer + Reisser, Wien

Verlegt im Wissenschaftsverlag, Wien
ISBN 3-85170-012-0

Inhalt

1. Einleitung: Zur Entstehungsgeschichte

„Wir haben dafür demonstriert“, betont ein Betriebsrat eines ehemals im Wiener Raum führenden lebensmittelproduzierenden Unternehmens den Stellenwert, den die 1995 errichtete Arbeitsstiftung AUFLEB[1] für ihn und seine Organisation hat. Die Betroffenheit des befragten Betriebsrats ist auch eine sehr persönliche: Er ist zum Zeitpunkt des Interviews buchstäblich der „letzte Mann“ im ehemaligen Haupthaus seines Stammbetriebes. Der Hauptstandort wurde aufgegeben, das Unternehmen in kleine Einheiten zergliedert. Dabei wurde der Großteil der MitarbeiterInnen gekündigt und der verbleibende Teil der Beschäftigten an andere Standorte versetzt. Mit der Schließung des Betriebes steht nun nicht nur die ehemalige Belegschaft, sondern auch der Betriebsrat selbst vor einer ungewissen Zukunft.

Der ausgeprägte wirtschaftliche Strukturwandel macht nahezu vor keiner Branche halt. Zunehmende Globalisierungstendenzen, Auslagerung von Produktionen in Niedriglohnländer und ein bisher kaum gekannter Schub an Technologisierung und Rationalisierung sind einige Faktoren, die vor allem eines nach sich ziehen: steigende Arbeitslosigkeit. Betroffen sind vor allem leicht austausch- und ersetzbare niedrigqualifizierte Arbeitskräfte im Produktions- und im Dienstleistungssektor.[2]

Im Lebensmittelsektor sei *„eine Strukturbereinigung ja schon seit 1991 im Gange“* (Sekretär der Gewerkschaft ANG), wobei angenommen wurde, daß der durch den EU-Beitritt beschleunigte strukturelle Wandel enorme Auswirkungen auf die Beschäftigtenstände haben werde.

Für das Speditionsgewerbe war die Voraussage der mit dem EU-Beitritt verbundenen Folgen „einfacher“. Mit dem Wegfall der Binnengrenzen zu den EU-Ländern wurde nahezu eine ganze Berufsgruppe schlagartig arbeitslos: ZolldeklarantInnen, aber auch Arbeitskräfte, die im Umfeld dieser Aufgabe tätig waren (etwa FakturistInnen oder andere Bürokräfte), wurden nach dem 1. 1. 1995 von ihren Arbeitgebern vielfach nicht mehr gebraucht.[3]

1 AUFLEB: Arbeitsstiftung des Ausbildungs- und Unterstützungsvereines für Arbeitslose aus der Lebensmittelbranche.

2 Dem Arbeitslosenbestand der niedrigstqualifizierten Personen – mehr als 40 % aller Arbeitslosen in Österreich verfügen nur über einen Pflichtschulabschluß – werden von seiten des BMAGS in letzter Zeit „starke Zuwächse“ bescheinigt. Siehe dazu: Die Arbeitsmarktlage Ende November 1996. Presseinformation. Hrsg. vom Bundesministerium für Arbeit und Soziales. Wien: 1996. S. 6.

3 Angenommen wurde eine Reduktion der Beschäftigten im Speditionsgewerbe zwischen 1995 und Ende 1997 um 3000 MitarbeiterInnen. Siehe dazu: Feinkonzept AUSPED, S. 8.

Als Reaktion auf die zu erwartenden Beschäftigungsprobleme im lebensmittelproduzierenden beziehungsweise -verarbeitenden Bereich sowie im Speditionsgewerbe wurde 1994 die Einrichtung von „Arbeitsstiftungen" vorbereitet: ein Instrument, dem damals wie heute nahezu *„magisch hohe Reintegrationsquoten"*[4] zugeschrieben werden, das aber auch durch seinen „Präventivcharakter" und durch die Einbindung der personalabbauenden Betriebe von zusätzlicher arbeitsmarktpolitischer Relevanz ist.[5] Als Resultat der Bemühungen nahmen die „Speditionsstiftung AUSPED"[6] mit Jahresbeginn 1995 und die „Lebensmittelstiftung AUFLEB" mit Mitte 1995 ihre Tätigkeit auf. Informationsbroschüren der Gewerkschaft Agrar – Nahrung – Genuß zur Lebensmittelstiftung sind mit einem Aufkleber versehen: *„AUFLEB-Stiftung. Von uns erkämpft und mitgestaltet."* Im Text der Broschüre wird begründet: *„Aufgrund der notwendig gewordenen Schaffung neuer Strukturen im Nahrungs- und Genußmittelbereich – hervorgerufen durch den übergangslosen Eintritt Österreichs in die EU – haben die Gewerkschaften ANG und GPA für betroffene Arbeitnehmer der Nahrungs- und Genußmittelbranche eine Arbeitsstiftung erkämpft."*[7]

Den Anspruch, maßgeblich an der Umsetzung der etwa ein halbes Jahr vor der AUFLEB gegründeten Branchenstiftung AUSPED beteiligt gewesen zu sein, erheben auch die Vertreter der Gewerkschaft für Handel und Verkehr. Vor dem EU-Beitritt habe man in Brüssel Informationen über die Auswirkungen des Beitritts insbesondere für die Berufsgruppe der ZolldeklarantInnen eingeholt, die *„relativ alarmierend waren"* (Vertreter der GPA).

Den Lösungsansatz „Arbeitsstiftung" trugen bei AUSPED und AUFLEB die Unternehmen sowie ihre VertreterInnen mit. Zu den *„Gründervätern"* der im Herbst 1994 errichteten AUSPED zählen neben den Gewerkschaftern die Leiter großer österreichischer Speditionsbetriebe sowie der Fachverband der Spediteure Österreichs. Die Mitte der achtziger Jahre in Oberösterreich gegründete „Stahlstiftung" diente

4 Erfolgsinstrument Arbeitsstiftung. Fünf Jahre Entwicklung, Beratung und Management von Arbeitsstiftungen gemeinsam mit Arbeitsmarktservice Steiermark und Land Steiermark. Hrsg. von der ÖSB-Unternehmensberatung GesmbH. Wien: 1996. S. 5.

5 Vgl. dazu: Erfolgsinstrument Arbeitsstiftung. Was ist der Nutzen der Arbeitsstiftung? S. 14.

6 AUSPED: Arbeitsstiftung des Ausbildungs- und Unterstützungsvereines Spedition.

7 AUFLEB-STIFTUNG (Nahrungsmittelstiftung). Nachrichten- und Informationsdienst der ANG. Wien: o. J. S. 1.

als Vorbild. Die AUSPED definiert sich selbst als *„eine Arbeitsstiftung mit der Aufgabe, den von der Speditionsbranche abgebauten Angestellten bei der Wiedererlangung eines Arbeitsplatzes zu helfen. Wir sind für Betroffene aus ganz Österreich tätig. Standorte befinden sich im ganzen Bundesgebiet."*[8]

Die konsensuelle Zielformulierung wird durch die Finanzierungsform unterstrichen, die zwischen AUFLEB und AUSPED zwar divergiert, aber dennoch die beteiligten Organisationen – insbesondere auch die ehemaligen ArbeitgeberInnen der StiftungsteilnehmerInnen im Fall der AUSPED – einbindet. Bei einer erwarteten TeilnehmerInnenanzahl von 6000 Personen im Fall der AUFLEB[9] wurden – die Leistungen gemäß ALVG nicht berücksichtigt – 450 Millionen Schilling bereitgestellt, wobei die *„Finanzierung durch den Europäischen Sozialfonds mit 159 Mio. Schilling, das Arbeitsmarktservice mit 159 Mio. Schilling, die Bundesländer mit 59,5 Mio. Schilling und die Wirtschaftskammer mit 72,5 Mio. Schilling"*[10] erfolgen soll. Das Finanzierungsmodell der auf ein GesamtteilnehmerInnenvolumen von 1050 Personen konzipierten AUSPED[11] sieht bei Gesamtkosten von nahezu 109 Millionen Schilling eine gemeinschaftliche Aufbringung der Mittel durch das Arbeitsmarktservice (23,3 Mio. öS) und den Europäischen Sozialfonds (38,8 Mio. öS) vor, wobei *„die Finanzierung des restlichen Aufwandes durch Solidaritätsbeiträge der Speditionsbranche [erfolgt]"*.[12]

Zur Erreichung der Stiftungsziele wurden vom AMS Dienstleistungen von den beiden Trägervereinen AUSPED und AUFLEB „zugekauft", die ihrerseits wiederum „Kooperationspartnerorganisationen" in den Bundesländern beauftragten. Das AMS gilt für AUSPED und AUF-

8 AUSPED-News 1–2/1995. Hrsg. vom Ausbildungs- und Unterstützungsverein Spedition. Wien: 1995. S. 1.

9 Das Konzept der AUFLEB geht von der Annahme aus, daß 20 % der 1994 ca. 90.000 Beschäftigten der Lebensmittelbranche bis Ende 1997 ihren Arbeitsplatz verloren haben werden. Erwartet wird, daß von einem so ermittelten Stiftungspotential von 18.000 Personen ein Drittel an der AUFLEB teilnehmen wird.

10 AUFLEB-STIFTUNG (Nahrungsmittelstiftung). Nachrichten- und Informationsdienst der ANG. Wien: o. J. S. 1.

11 Die AUSPED sieht weiters die Teilnahmeberechtigung für ehemals Beschäftigte von Unternehmen, die der Speditionsbranche angehören, vor. Bei einer veranschlagten durchschnittlichen Aufenthaltsdauer von 14 Monaten pro Person sowie einer maximalen Aufenthaltsdauer von drei beziehungsweise vier Jahren gemäß ALVG-Bestimmungen wurde in den Planungsunterlagen ein Eintrittsschwerpunkt 1995 angenommen. Siehe dazu: Feinkonzept. Branchenstiftung Spedition des Ausbildungs- und Unterstützungsvereines Spedition (AUSPED). Typoskript, Wien: 1994. S. 4 ff.

12 Fördervertrag zwischen dem Arbeitsmarktservice Österreich und dem Ausbildungs- und Unterstützungsverein Spedition. Typoskript, Wien: 23. 3. 1995. S. 2.

LEB als *„ganz wesentlicher Partner unserer – wie auch aller übrigen Stiftungen.* [...] *Es anerkennt die Maßnahmen, welche in ihrer Gesamtheit die Stiftung bilden, trägt den Löwenanteil der Finanzierung, und es entscheidet letztlich darüber, welche Berufsziele und Qualifikationsziele die StiftungsteilnehmerInnen anstreben können."*[13]
Für das Arbeitsmarktservice stellen die Arbeitsstiftungen in all ihren Ausprägungen (Branchen-, Unternehmens-, Insolvenz- und Regionalstiftungen sowie „stiftungsähnliche Maßnahmen") zur Zeit das arbeitsmarktpolitische *„Spitzeninstrument zur Integration Arbeitsloser"* (Vertreter einer LGS) dar. Entsprechend hoch sind daher auch die Anforderungen an beispielsweise die zu erzielenden Vermittlungsraten[14] und die „Nachhaltigkeit" der Integration in den Arbeitsmarkt: *„Letztendlich sind eine stabile Integration der Teilnehmer beziehungsweise die Vermittlungsrate auch Kriterium für die Qualität der Branchenstiftungen."* (Vertreter einer LGS)
Unterschiedliche Vorstellungen hinsichtlich des Auftrages der Stiftungen haben vor allem die Sozialpartner: Von den Gewerkschaften werden die Branchenstiftungen als *„zweitbeste Möglichkeit nach einem Arbeitsplatz"* eingeschätzt. Die Maßnahmen in den Stiftungen werden als Möglichkeit zu einer *„gründlichen Neuorientierung und darauf aufbauenden Qualifikationsmaßnahmen mit dem Ziel der nachhaltigen Integration in den Arbeitsmarkt"* (Sekretär der Gewerkschaft ANG) betrachtet.
Von seiten der Wirtschaftskammer wird auf der Grundlage *„guter Erfahrungen bei der Vermittlungstätigkeit"* verstärkt die Anwendung von Methoden zur rascheren und effizienten Wiedereingliederung urgiert. Betont wird ebenfalls die Anforderung, *„kostengünstige Ablaufmodelle und -strukturen"* zu forcieren. Gefordert werden hier *„billigere Maßnahmen"* und die *„Entwicklung neuer Maßnahmen zur Wiedereingliederung"* (Vertreter der Bundeswirtschaftskammer). Klar gelagert sind die Positionen der beteiligten (die Stiftungen „beschikkenden") Wirtschaftsbetriebe: In den Interviews mit UnternehmensvertreterInnen kommt zum Ausdruck, daß die Speditionsstiftung als *„punktgenau"* zum EU-Beitrittstermin 1. 1. 1995 eingesetztes Instru-

13 AUSPED-News 1–2/1995. Hrsg. vom Ausbildungs- und Unterstützungsverein Spedition. Wien: 1995. S. 1.

14 So liegen die Erwartungen des steirischen AMS hinsichtlich der Erstvermittlungsrate für dieses Bundesland bei *„nicht unter 90 %"* der TeilnehmerInnen. Diese Erwartung deckt sich mit der diesbezüglichen Anforderung der AUSPED an sich selbst: *„Angestrebt wird eine Maßnahmenkombination, die eine Erfolgsquote von ca. 90 % zeitigt."* In: Feinkonzept AUSPED, S. 9.

ment *„zur Abfederung der Kündigungen"* ihren Zweck erfüllte. Betont wird der *„beiderseitige Nutzen":* Der *„Ruf der Branche hätte ohne Stiftung gelitten",* und *„für viele Betroffene war das ein gutes Instrument zur Überbrückung"* (Personalchef eines Speditionsunternehmens) der Arbeitslosigkeit. Die Speditionsunternehmen, die die AUSPED mitfinanzieren – manche davon lassen ihren ehemaligen MitarbeiterInnen für die Dauer der Stiftungsteilnahme ein „Extrastipendium" zukommen –, äußern durchwegs keine differenzierten Erwartungen zur Arbeit der Stiftungen selbst; ebensowenig verfügen die Unternehmen über Kenntnisse hinsichtlich des Werdegangs von ehemaligen MitarbeiterInnen.
Einschätzungen von UnternehmerInnen der Lebensmittelbranche zur *„Brauchbarkeit"* der AUFLEB für den Betrieb orientieren sich eng an der aktuellen wirtschaftlichen Lage des eigenen Betriebes. Für Betriebe, die ihre Marktposition als *„mittelfristig stabil"* erachten, hat weniger die *„Auffangbeckenfunktion"* der Stiftung als vielmehr ihr Angebot *„zur gezielten Rekrutierung von Arbeitskräften bei punktuellem Personalbedarf"* (Personalchef eines lebensmittelproduzierenden Unternehmens) Bedeutung: Diese Zuschreibung kann auch als beispielhaft für eine mögliche „Brückenfunktion" von Arbeitsstiftungen in der Praxis gelten.

Methodische Ansätze und Vorgangsweise

Der Begleitforschungscharakter des auf ein Jahr anberaumten Projektes wurde durch die Einrichtung eines Beirates durch den Auftraggeber AMS unterstrichen. Diesem Beirat gehörten die Geschäftsführer von AUSPED und AUFLEB sowie VertreterInnen der Bundesgeschäftsstelle und der Landesgeschäftsstellen des AMS an.
Auf der Grundlage eines detaillierten Forschungskonzeptes wurden die in der folgenden Tabelle zusammengefaßten Erhebungen durchgeführt.

Erhebungsphase	**Ziel/Thema**	**Tätigkeiten**	**Anzahl der Interviews/Anzahl der Fragebögen**
ExpertInnen-interviews	inhaltliche und organisatorische Konzeption, Maßnahmengestaltung, regionale Ausprägungen	qualitative Interviews mit ManagerInnen/ TrainerInnen, Gründungsberatungsorganisationen sowie AMS-VertreterInnen	Interviews mit 47 Personen im Bundesgebiet
TeilnehmerInnen-interviews	Erfahrungen mit Stiftungsteilnahme und Informationsprozedere	qualitative Interviews vor Ort	37 Interviews in den Bundesländern Wien, Steiermark und Tirol
Interviews mit NichtteilnehmerInnen	Ursachen für die Nichtteilnahme und Informationsprozedere	explorative Interviews, zum Teil telefonisch	Kurzinterviews mit insgesamt 87 Personen
Interviews mit VertreterInnen der RGS	Kooperations- und Kommunikationsmodalitäten mit den Branchenstiftungen	qualitative Interviews	16 Interviews mit insg. 36 Personen; 1 Gruppenveranstaltung mit 11 Personen
Interviews mit VertreterInnen von Betrieben und Sozialpartnerorganisationen	Erwartungen, Ziele, Handlungsbedarf	qualitative Interviews	20 Interviews im Bundesgebiet
Fragebogenerhebungen mit			ausgesandt:
a) TeilnehmerInnen	von der „Erstinformation" bis zur „Nachkarriere"	standardisierter Fragebogen	2316 Fragebögen
b) NichtteilnehmerInnen		standardisierter Fragebogen	250 Fragebögen
c) TrainerInnen	zur Konzeption und Stiftungspraxis	offener Fragebogen	90 Fragebögen

2. „Unikat“ Branchenstiftung?

Die Errichtung der beiden Arbeitsstiftungen wurde mittels einer im Nationalrat im Dezember 1994 beschlossenen Novelle des ALVG[15] gesetzlich verankert. Damit wurde erstmals Interessenvertretungen die Möglichkeit eingeräumt, auf die *„Auswirkungen des EU-Beitrittes auf einen gesamten Wirtschaftszweig, die bis 31. Dezember 1997 eintreten“,*[16] mittels des Instruments Arbeitsstiftung zu reagieren. Zusätzlich zu den bisherigen drei Formen der Arbeitsstiftung – den Unternehmensstiftungen, den Insolvenzstiftungen sowie den Regionalstiftungen[17] – war damit der Typus „Branchenstiftung“ geschaffen worden. Das spezifische Kennzeichen der Branchenstiftungen AUFLEB und AUSPED ist die betriebsübergreifende und österreichweite Dimension: Erstmals können Branchenangehörige aus dem ganzen Bundesgebiet – sofern sie die Eintrittsbedingungen erfüllen[18] – an einer Arbeitsstiftung teilnehmen. Als besondere Vorzüge der bisher gepflogenen Stiftungsmodelle wurden deren starke regionale Anbindung, die aktive Beteiligung von Unternehmen vor Ort sowie die Initiative der regionalen Akteure zu deren Errichtung[19] gesehen.
Ein von ExpertInnen als grundsätzliche Bedingung formulierter Anspruch an Arbeitsstiftungen, nämlich daß diese *„den Willen der Betroffenen erforder[n] – der kann nicht verordnet werden“*[20], ist bei den Branchenstiftungen nur „indirekt“ eingelöst worden: Wie bereits ausgeführt, kam die Initiative zu den Branchenstiftungen von „Stellvertretern“ der betroffenen Beschäftigten und Betriebe – den Gewerkschaften und den Unternehmervertretungen.[21] Die Konzeption der Branchenstiftungen ist dadurch geprägt.

15 Handbuch des österreichischen Arbeitsmarktrechts. Loseblattausgabe. ALVG: 18/7 b). ÖGB-Verlag. Wien: 1996. S. 126.

16 ALVG: 18/7 b).

17 Vgl. dazu: Erfolgsinstrument Arbeitsstiftung, S. 13.

18 Die Eintrittsbedingungen variieren bei den beiden Branchenstiftungen. Vgl. dazu: Stiftungsordnung für die AUSPED. Typoskript, Wien: 1994. S. 2; Konzeption AUFLEB, insbesondere: Stiftungsordnung. S. 17 ff.

19 Erfolgsinstrument Arbeitsstiftung, S. 10.

20 Ebd.

21 Die Sozialpartner sind auch im Vorstand der Branchenstiftungen maßgeblich vertreten. Im Fall der AUFLEB sind die *„Entscheidungsgremien paritätisch besetzt“*: Den Vorstand bilden zwölf Personen, wobei sechs Vertreter dem ÖGB beziehungsweise seinen Teilorganisationen, vier der Wirtschaftskammer und zwei dem Raiffeisenverband zuzuordnen sind. Siehe dazu: AUFLEB-STIFTUNG (Nahrungsmittelstiftung). Nachrichten- und Informationsdienst der ANG. Wien: o. J. S. 2.

2.1 Organisationsform

Die bundesweite und betriebsübergreifende Tätigkeit der Branchenstiftungen bringt es auch mit sich, daß Faktoren, die beispielsweise Unternehmensstiftungen vor Ort zum Vorteil gereichen, bei den Branchenstiftungen nur mit Mühe und nach längeren Anlaufzeiten herstellbar sind. Hierzu zählen die Information aller potentiellen TeilnehmerInnen, die Identifikation der Beteiligten mit der Stiftung vom Zeitpunkt der Planung an, kaum Verzögerungen bei Finanzierungsverhandlungen, ein rascher Start der Maßnahmen sowie eine vielfach reibungslose Kooperation zwischen Unternehmen, Betriebsräten, Arbeitsmarktservice und Stiftungsträgerorganisationen.
Nachstehendes Diagramm vermittelt einen ersten Eindruck von der Komplexität der Arbeitsbeziehungen.

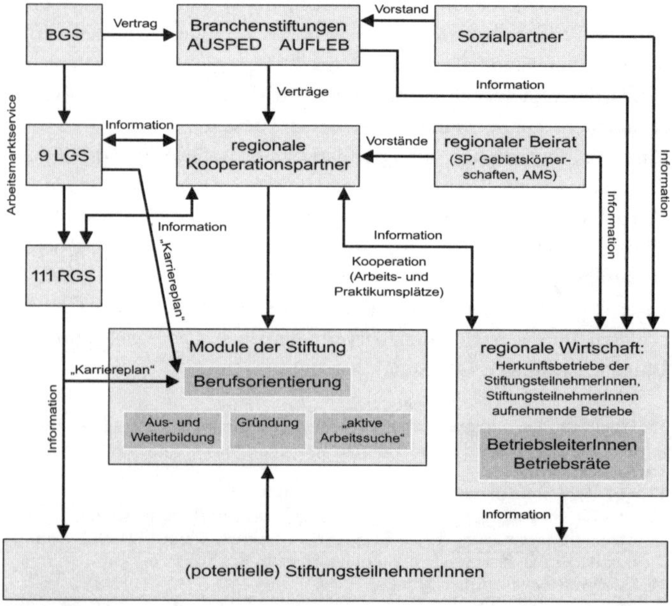

Der überregionale und branchenübergreifende Ansatz der Branchenstiftungen erfordert spezifische Organisationsformen. Dies wurde im Falle der AUFLEB und AUSPED über jeweils ein zentrales Management sowie den „Zukauf" von „Kooperationspartnerorganisationen" in den Bundesländern bewerkstelligt. Durch die Beauftragung von bereits mit arbeitsmarktpolitischen Maßnahmen beziehungsweise der Abwicklung von anderen Arbeitsstiftungen befaßten Trägerorganisationen vor Ort wurde vielfach auf das „Know-how" bestehender Stiftungen zurückgegriffen. War noch keine dementsprechende Einrichtung vorhanden, so wurden zunächst – wie beispielsweise in Niederösterreich – Personen mit dem Aufbau betraut, die schon auf Erfahrung mit der Abwicklung von Arbeitsstiftungen verweisen konnten, oder die Stiftungsagenden wurden – wie im Fall des Wiener WAFF[22] – einer neugegründeten Einrichtung übertragen, die sich zusätzlich zur Abwicklung der Branchenstiftungen mit der Durchführung von Qualifikations- und Beschäftigungsmaßnahmen befaßt.

2.2 Inhaltliche Bausteine

Weniger „Neuland" als die Organisationsform der Branchenstiftungen stellen die in ihrem Rahmen möglichen Maßnahmen dar.

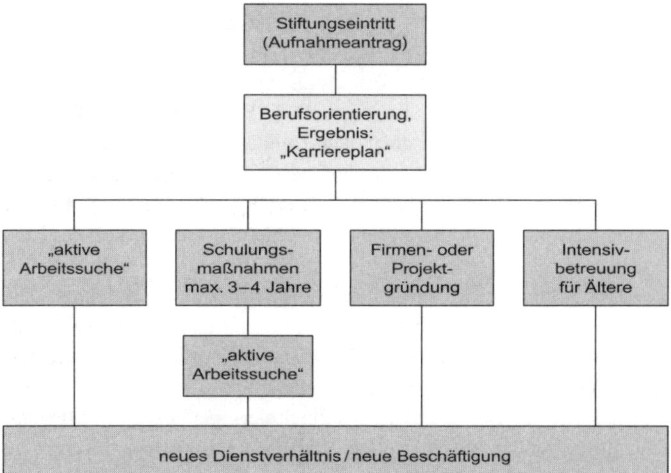

Im wesentlichen sind sie dem „Standardprogramm" von Arbeitsstiftungen zuzurechnen: Aufbauend auf das zentrale inhaltliche Element von Arbeitsstiftungen, die „Berufsorientierung" mit dem Ergebnis des „Karriereplanes", folgen einzelne oder auch kombinierte Formen der „aktiven Arbeitssuche", verschiedene Ausbildungsmaßnahmen, Hilfe-

22 Wiener ArbeitnehmerInnen-Förderungsfonds.

stellungen zur Projekt- beziehungsweise Firmengründung und spezielle Unterstützungsmaßnahmen für ältere TeilnehmerInnen.[23] Grundsätzlich wird bei den Branchenstiftungen ebenso wie bei anderen Stiftungsmodellen ein Paket an Maßnahmen angeboten, das bei sorgfältiger Abstimmung auf die Bedürfnisse der TeilnehmerInnen und auf die Gegebenheiten der Arbeitsmärkte das Instrument Arbeitsstiftung bisher so erfolgreich sein ließ. Die Ausprägungen der Maßnahmen (wie im übrigen auch die Bezeichnungen für die einzelnen Stiftungselemente) variieren zwischen AUFLEB und AUSPED und zwischen den Bundesländern.

2.3 Finanzierung

Die Kosten für die Branchenstiftungen werden durch das AMS, den Europäischen Sozialfonds, durch Beiträge der Gebietskörperschaften und durch die „Herkunftsbetriebe“ der StiftungsteilnehmerInnen (AUSPED) beziehungsweise die Wirtschaftskammer (AUFLEB) aufgebracht. Im Vergleich zu anderen Stiftungsmodellen wird jedoch bei beiden Stiftungen auf Beiträge durch die StiftungsteilnehmerInnen selbst verzichtet. Neben den Unterschieden hinsichtlich der Beitragsleistung der „Wirtschaft“ zwischen AUSPED und AUFLEB gibt es auch Abweichungen zwischen den Bundesländern hinsichtlich der Beteiligung der Gebietskörperschaften. Während man zum Beispiel in Kärnten und Wien die finanzielle Beteiligung der Länder als sehr positiv hervorhebt, sei es aufgrund der fehlenden Bereitschaft des Landes zur Mitfinanzierung[24] bisher für das Burgenland nicht möglich gewesen, eine eigene Stiftungsträgerorganisation zu errichten: Die StiftungsteilnehmerInnen von AUSPED und AUFLEB aus dem Burgenland werden zur Zeit von den Kooperationspartnern in Niederösterreich, Wien und der Steiermark mitbetreut.
Hinsichtlich der Beträge, die für teilnehmerInnenbezogene Maßnahmen aufgewendet werden sollen, sind beide Branchenstiftungen in

23 Als „Intensivmaßnahmen“ für Ältere gelten (vereinzelte) Versuche, die Erfahrung älterer TeilnehmerInnen etwa in „Job-Creation-Modulen“ zur Schaffung von Arbeitsplätzen nutzbar zu machen oder auch gezielt verlängerte „Outplacement-Module“ einzusetzen. Die bisherige relative Erfolglosigkeit dieser Maßnahmen trägt zu einem latenten Konflikt hinsichtlich der Intensivbetreuung Älterer bei. Trotzdem wird eine *„Vollauslastung“* Älterer in der Stiftung und ihre Wiederintegration in den Arbeitsmarkt als *„gesetzliches Ziel“* verstanden. Vgl. dazu: AUSPED. Bericht über die Betreuung der Älteren. Typoskript, Wien: 1995. S. 2 f.

24 Lt. Auskunft eines AMS-Vertreters.

etwa gleich ausgestattet. (Hinzuweisen ist darauf, daß die Kalkulationen Schulungsarbeitslosengelder, die die TeilnehmerInnen erhalten, nicht umfassen.)

Kostenschlüssel der Branchenstiftungen AUSPED und AUFLEB

Kosten je TeilnehmerIn in öS	**AUFLEB**	**AUSPED**
= „Kopfquote“	75.000,–	ca. 105.000,–
minus „zentrale Administration“ und „strategische Reserve“	5.000,–	7.000,–
Zwischensumme	70.000,–	ca. 98.000,–
minus Stipendium	12.000,– (bei 20 Monaten Verweildauer)	ca. 40.000,– (bei 20 Monaten Verweildauer)
Es verbleiben von für:	ca. 58.000,–	ca. 58.000,–
Betreuung, „aktive Arbeitssuche“ (inkl. „regionaler Overheadkosten“)	15.000,–	ca. 14.000,– (für „regionale Overheadkosten“ sind max. 20 % von 98.000,– öS aufzuwenden)
Berufsorientierung	15.000,–	ca. 14.000,–
Aus- und Weiterbildung	28.000,–	ca. 30.000,–

Quellen: Konzeption AUFLEB, S. 16; Feinkonzept AUSPED, S. 14 und S. 29

Der pro StiftungsteilnehmerIn im Durchschnitt zur Verfügung stehende Betrag („Kopfquote“) wird von den ManagerInnen zum Teil als gerade ausreichend, zum Teil aber auch als zu niedrig beurteilt. Die „Kopfquote“ ist allerdings grundsätzlich eine sehr eingeschränkt brauchbare Maßzahl bezüglich der vorgesehenen Ausgaben. Selbst die Kostenpositionen im Detail – etwa für die Aufwendungen für die Weiterbildung – stellen nicht mehr als Plankosten-Durchschnittswerte dar. Diesbezüglich wird von den ManagerInnen eine *„Kostenoptimierungsleistung“* in dem Sinne gefordert, daß die durchschnittlichen Ausgaben die Plankosten pro Kopf nicht übersteigen sollen: *„Es ist eine Gratwanderung, wenn man immer genau schauen muß, ob sich alles ausgeht.* [...] *Das verschärft das Arbeiten, aber wir kommen damit zurecht.“* (Managerin) In der Praxis bedeutet dies, daß die ManagerInnen neben dem wirtschaftlichen Aspekt des Kostencontrolling auch die Verantwortung dafür zu tragen haben, daß die Maßnahmen bedarfsadäquat zum Einsatz gelangen. So könnte es etwa, wenn StiftungsteilnehmerInnen in den Genuß einer beispielsweise dreimal so teuren Ausbildung als vorgesehen kommen, zur

Folge haben, daß dafür zwei andere TeilnehmerInnen „nur" eine Aktivgruppe absolvieren können.
Unklar bleibt in den Kalkulationen von AUSPED und AUFLEB die Zuordnung der „regionalen Overheadkosten" (Personalaufwendungen für die ManagerInnen beziehungsweise Sachkosten der Büros in den Bundesländern). Inwieweit der entsprechende Kostenansatz unter „Betreuung" fällt, beziehungsweise wie in der Praxis die Trennung der Aufwände zwischen allgemeiner „Betreuung" und zum Beispiel der Durchführung der Maßnahme „aktive Arbeitssuche" gehandhabt wird, ist ebenfalls den Optimierungsaufgaben der ManagerInnen zuzuzählen.[25] Auffällig sind im Vergleich der zur Verfügung stehenden Mittel die Disparitäten zwischen AUSPED und AUFLEB hinsichtlich des TeilnehmerInnenstipendiums. Mit 1980,– öS pro TeilnehmerIn und Monat[26] erhalten AUSPED-StiftungsteilnehmerInnen ein rund dreimal so hohes Stipendium wie ihre KollegInnen von der AUFLEB. Die Einschätzung, daß hier *„die Branche den Leuten die Kündigung versüßt hat"* (Vertreter des ÖGB) ist als Argumentation für diesen Unterschied nicht ausreichend. Dementsprechend wird dieser Umstand auch kritisiert: *„Man muß künftig darauf achten, daß man die Stiftungsbedingungen vereinheitlicht. Unterschiedliche Stipendien sind zum Beispiel ein Unding."* (Landessekretär der ANG)

25 Da die finanzielle Gebarung der Branchenstiftungen von ihren Vorständen, der BGS des AMS sowie dem Bundesrechenamt kontrolliert wird, wurde hier auf die Analyse der Finanzmittelverwendung verzichtet.
26 Feinkonzept AUSPED, S. 29.

2.4 Rahmendaten von AUSPED und AUFLEB

TeilnehmerInnenstand per Oktober 1996

Die Angaben stammen von den Branchenstiftungen selbst oder sind vom IFA Steiermark zusammengefaßte Stiftungsaufzeichnungen.[27]

TeilnehmerInnen (Stand: Oktober 1996)

	AUSPED		AUFLEB	
Geschlecht				
männlich	633	60,6 %	1091	71,3 %
weiblich	411	39,4 %	440	28,7 %
gesamt	1044	100,0 %	1531	100,0 %
Alter				
30 und darunter	431	43,7 %	375	24,9 %
zwischen 31 und 40	231	23,4 %	456	30,3 %
zwischen 41 und 50	192	19,5 %	426	28,3 %
51 und darüber	133	13,5 %	250	16,6 %
gesamt	987	100,0 %	1507	100,0 %
Bundesland				
Burgenland	4	0,4 %	16	1,1 %
Kärnten	72	6,9 %	73	4,8 %
Niederösterreich	40	3,8 %	253	16,7 %
Oberösterreich	278	26,6 %	318	21,0 %
Salzburg	161	15,4 %	13	0,9 %
Steiermark	110	10,5 %	336	22,2 %
Tirol	141	13,5 %	86	5,7 %
Vorarlberg	66	6,3 %	58	3,8 %
Wien	173	16,6 %	359	23,7 %
Österreich gesamt	1045	100,0 %	1512	100,0 %

Quelle: Daten der AUSPED und der AUFLEB

Aus der Tabelle wird ersichtlich, daß die AUSPED mit Anfang Oktober 1996 bereits an die Grenzen ihrer Auslastung – gemessen an der

27 Auf eine weitergehende Beschreibung der Grundgesamtheiten wird zwangsläufig verzichtet: Die Datengrundlagen von AUSPED und AUFLEB sind unterschiedlich beschaffen, wobei die AUSPED-Daten größtenteils aggregiert vorliegen; die AUFLEB-Daten sind zwar einzelfallbezogen, jedoch aufgrund unterschiedlicher Kodierungsweisen und eines lückenhaften Datenbestandes nur unter größtem Aufwand detailliert auszuwerten. Für die Zukunft wird den Branchenstiftungen vorgeschlagen, die Datenerfassung sorgfältig durchzuführen und abzustimmen (aussagekräftige und einheitliche Indikatoren) sowie so zu gestalten, daß einfache Auswertungen jederzeit ohne größeren Aufwand durchgeführt werden können.

„Planzahl" von 1050 TeilnehmerInnen – gelangt war. Die AUFLEB hingegen, die ein halbes Jahr nach der AUSPED ihre Tätigkeit aufnahm, hat ihr bis inklusive des Jahres 1997 vorgesehenes Volumen von 6000 TeilnehmerInnen bisher erst zu einem Viertel erreicht. Im Vergleich der Geschlechterverteilung ist zu erkennen, daß die AUSPED einen um einen etwa 10 % höheren Frauenanteil als die AUFLEB aufweist.[28] Hinsichtlich der Altersverteilung zeigt sich, daß die AUSPED-TeilnehmerInnen „jünger" sind: Hier bilden die unter 30jährigen den größten Anteil, bei der AUFLEB hingegen die 30- bis 40jährigen. Auch in bezug auf die Bundesländerbesetzungen werden Unterschiede deutlich. Die Verteilung im Detail ist dabei sicherlich in Zusammenhang mit Standorten beziehungsweise größeren Produktionsstätten der betreffenden Branchen zu sehen. Ersichtlich wird, daß bei der AUFLEB die Bundesländer Wien, Steiermark und Oberösterreich und bei der AUSPED Oberösterreich, Wien und Salzburg die größten TeilnehmerInnenkontingente stellen. Aktualisierte TeilnehmerInnenzahlen verdeutlichen die Dynamik hinsichtlich der Zugänge: Im Vergleich zu den genannten TeilnehmerInnenbeständen verzeichnen die beiden Stiftungen starke Zuwächse innerhalb kurzer Zeit; so treten binnen einiger Wochen in die AUSPED 62, in die AUFLEB 104 TeilnehmerInnen ein.

Die Angaben zu den bisher erfolgten Austritten beziehungsweise den Austrittsgründen bieten einen ersten Einblick über den Werdegang der StiftungsteilnehmerInnen.

TeilnehmerInnenstand/Austritte und Austrittsgründe per Oktober 1996

<table>
<tr><th></th><th>AUSPED</th><th>AUFLEB</th></tr>
<tr><td>Gesamtanzahl der TeilnehmerInnen</td><td>1107</td><td>1616</td></tr>
<tr><td>davon bisher ausgetreten</td><td>632</td><td>561</td></tr>
<tr><td>davon Arbeitsaufnahme</td><td>439 (69,5 %)</td><td>429 (76,5 %)</td></tr>
<tr><td>Pensionsansuchen</td><td rowspan="4">193</td><td>36</td></tr>
<tr><td>gesundheitsbedingte Austritte</td><td>9</td></tr>
<tr><td>andere Gründe</td><td>59</td></tr>
<tr><td>keine Angaben</td><td>28</td></tr>
</table>

Quelle: Angaben der AUSPED- und AUFLEB-Geschäftsstellen vom 12. 12. 1996

28 Nach einer Auswertung der BGS des AMS Österreich betrug der Frauenanteil der 52 im Jahr 1995 in Österreich tätigen Arbeitsstiftungen ca. 36 %. Vgl. dazu: ÖSB-Informationen: Schwerpunkt Arbeitsstiftungen, Nr. 3/1996. Hrsg. von der ÖSB-Unternehmensberatung GesmbH. Wien: 1996.

Die beiden Branchenstiftungen weisen also eine Erstvermittlungsrate im engeren Sinn (Abgang in ein Arbeitsverhältnis) von 69,5 % (AUSPED) und 76,5 % (AUFLEB) aus.

Vorgemerkte Arbeitslose in der Speditions- und Lebensmittelbranche

Die Auslastung der Branchenstiftungen ist auch unter dem Aspekt des Zuganges von bereits Gekündigten zu den eingerichteten Stiftungen zu betrachten.
Einen Anhaltspunkt für das Ausmaß der Arbeitslosigkeit unter den Entlassenen der beiden Branchen bietet eine Statistik des Arbeitsmarktservice.

Arbeitslose der Wirtschaftsklassen 31, 32 (Nahrungs- und Genußmittel; Getränke/Tabak) und 85 (Spedition), Ende Jänner 1996

Bundesland	**WK 31**	**WK 32**	**WK 85**
Wien	1503	154	813
Niederösterreich	1467	111	284
Oberösterreich	846	83	348
Salzburg	153	16	178
Tirol	207	24	120
Steiermark	723	104	311
Burgenland	286	52	45
Kärnten	375	46	205
Vorarlberg	194	23	103
Österreich gesamt	**5754**	**613**	**2407**

Quelle: AMS Steiermark

Die Aussagekraft der Statistik selbst ist jedoch begrenzt: Nach einer Stichprobenüberprüfung stellte sich heraus, daß von den unter den Wirtschaftsklassen 31 und 32 sowie 85 vorgemerkten Personen etwa 50 % für eine Stiftungsteilnahme nicht in Frage kommen, weil sie die Teilnahmebedingungen nicht erfüllen. Bei einem Zeitvergleich wurde deutlich, daß die Vorgemerktenzahlen des AMS binnen Jahresfrist tendenziell angestiegen sind: Ende Jänner 1997 waren in den Wirtschaftsklassen 31 und 32 in Summe 6417 sowie in der Wirtschaftsklasse 85 2683 Personen vorgemerkt.
Diese Entwicklung verweist darauf, daß das TeilnehmerInnenpotential für die beiden Branchenstiftungen AUFLEB und AUSPED noch nicht ausgeschöpft ist.

Einschätzung der Beschäftigungsentwicklung in den beiden Branchen

Die Datenlage hinsichtlich der Beschäftigtenentwicklung in den letzten Jahren bescheinigt der Speditionsbranche schwere Arbeitsplatzverluste: Während 1991 in Österreichs Speditionen 17.472 Beschäftigte registriert wurden,[29] ergab die vom Fachverband der Spediteure durchgeführte Erhebung des Beschäftigtenstandes[30] für 1994 eine Summe von 12.759, was einer Abnahme von mehr als 26 % entspricht. Für die lebensmittelproduzierende und -verarbeitende Branche ist durch die Heterogenität des Bereiches (Industrie, Gewerbe, „Raiffeisensektor") kein exakter Überblick über die Entwicklung des Beschäftigtenstandes zu gewinnen. Ausreichendes Datenmaterial liegt für den industriellen Bereich vor. Hier sind Reduktionen der Beschäftigtenstände zwischen 1990 (41.684) und 1995 (35.000) um etwa 16 % erfolgt.[31]
Bezüglich der künftigen Entwicklung der Beschäftigtenzahlen im Speditionsbereich ist eine relativ einheitliche Einschätzung durch die befragten UnternehmensvertreterInnen festzustellen. Betont wird durchgängig, daß der strukturelle Umbau in den österreichischen Speditionsunternehmen noch nicht abgeschlossen ist – dies gilt vor allem für kleine und mittlere Unternehmen, die nunmehr *„den Großen erst nachziehen"* (Geschäftsführer eines Speditionsunternehmens).
Der Personalumbau innerhalb der Speditionen wird mittels eines Phasenmodells beschrieben, wobei in einer ersten Phase Anfang 1995 in direktem Zusammenhang mit dem EU-Beitritt ZolldeklarantInnen und DisponentInnen gekündigt wurden und in einer zweiten Phase – nach einem Jahr EU-Mitgliedschaft, also ab Beginn des Jahres 1996 – *„Umfeldtätigkeiten abbröckeln"* (Geschäftsführer eines Speditionsunternehmens).
In Zusammenhang mit dem Entfall der Zollarbeiten werden nunmehr auch weniger FakturistInnen und Sekretariatskräfte als zuvor gebraucht. In einer dritten Phase, so die Befürchtung, wird es 1996 und 1997 *„zu einer Reaktion der KMUs kommen"* (Vertreter des FV Spediteure), die eine Reihe weiterer Kündigungen bedeuten könnte.

29 Die Speditionswirtschaft vor der Herausforderung des gemeinsamen Marktes. Kurzfassung. Hrsg. vom Österreichischen Institut für Berufsbildungsforschung. Wien: 1995. S. 3.

30 Erhebung von Strukturdaten für das Speditionsgewerbe 1994. Erstellt vom Fachverband der Spediteure. Hrsg. vom Wirtschaftsförderungsinstitut der Wirtschaftskammer. Typoskript, Wien: 1995. S. 4.

31 Branchenübersicht – Beschäftigte. Bundeswirtschaftskammer Österreich, Fachverband der Lebensmittelindustrie. Wien: April 1996.

Aber auch bei den großen Speditionsunternehmen sei der Personalabbau noch nicht vollständig abgeschlossen. Auf das Ersuchen nach Quantifizierung des österreichweit noch zu erwartenden Personalabbaues lautet die Einschätzung, daß noch *„bis zu 200 Personen von der Kündigung betroffen sein könnten"* (Geschäftsführer eines Speditionsunternehmens). Der Lebens- und Genußmittelbranche bescheinigen vorliegende Untersuchungen *„nachhaltige Veränderungen wirtschaftlicher Rahmenbedingungen"* mit der Folge, daß *„die Abnahme der* [...] *tätigen Arbeitskräfte aller Voraussicht nach weiter anhalten [wird]"*.[32] Die mit dem EU-Beitritt erfolgte Veränderung bestehender Marktordnungen und das damit verbundene Auftreten neuer Großkonkurrenten lassen eine Reihe strukturell bedingter Defizite virulent werden: Genannt werden *„Vermarktungsschwächen, Kosten-/Preisproblematik, passives Innovationsverhalten,* [...] *zu geringe Flexibilität sowie Produktionsdefizite"*[33], die vor allem für bedeutende Subbranchen ausgeprägte Negativentwicklungen befürchten lassen – in erster Linie für die Teigwaren-, die Milch- und Käseerzeugung sowie die Brot- und Geflügelindustrie.[34]

Von den befragten ExpertInnen wird festgestellt, daß der strukturelle Umbau in der Branche noch nicht im erwarteten Ausmaß vorgenommen wurde. Zu beobachten sei ein genereller *„Verzögerungseffekt"*: *„Ich rechne damit, daß Betriebe, die noch relativ große finanzielle Polster haben oder gehabt haben, im ersten Jahr der EU eine Positionierung versucht haben. Die sehen aber erst jetzt, daß es nicht geht, daß gewisse Bereiche überbesetzt sind und daß sie nun reagieren müssen.* [...] *Ich erwarte ein konstantes Gefälle von acht Prozent der Beschäftigten jährlich in den nächsten drei Jahren, größere Zusammenbrüche nicht mitgerechnet."* (Vertreter der Bundeswirtschaftskammer)

Aus der Sicht eines Vertreters der Fachgewerkschaft Agrar – Nahrung – Genuß stehen *„die größten Einbrüche"* in der Branche noch aus: *„Die Stunde der Wahrheit beginnt '96, der ‚Hammer' kommt 1997 und danach"*. (Landessekretär der ANG) Befragte Betriebsräte aus der Milch- und der Fleischwirtschaft bestätigen, daß zur Zeit in ihren Unternehmen ein *„Zergliederungs- und Umgestaltungsprozeß"* im

32 Die Nahrungs- und Genußmittelindustrie vor der Herausforderung des gemeinsamen Marktes. Kurzfassung. Hrsg. vom Österreichischen Institut für Berufsbildungsforschung. Wien: 1995. S. 1 und S. 16.

33 Ebd. S. 1.

34 Ebd. S. 5.

Gange ist, dessen Folgen auf den Beschäftigtenstand noch nicht absehbar sind: *„Wir sanieren seit einem Jahr, sehen aber keinen grünen Zweig, dabei verschärft sich die Situation täglich.“* (Betriebsrat eines fleischverarbeitenden Unternehmens) Diese Einschätzung fällt dem Befragten umso schwerer, als „sein“ Unternehmen vor *„drei Jahren noch ein Paradebetrieb“* war.
Auch im Bereich der Milchwirtschaft trifft man ausschließlich auf Negativerwartungen: *„Man sieht aktuell, wir haben* [...] *eine mörderische Konkurrenz zwischen den Bundesländern. Wir haben auch gravierende Qualitätsprobleme, auch weil Mitarbeiter gekündigt und statt dessen Ungelernte eingesetzt wurden. Unser Bereich wird sich von den Beschäftigten her sicher weiter reduzieren.“* (Betriebsratsobmann eines milchverarbeitenden Betriebes)
Die zur Zeit im Verhältnis zum geplanten Gesamtvolumen eher geringe Auslastung der AUFLEB sei nicht auf einen nicht gegebenen Bedarf zurückzuführen, sondern auf die erwähnten Verzögerungseffekte der Branchenumstrukturierung und der zwangsläufig damit verbundenen Kündigungen. In Zusammenhang mit der Befürchtung, daß 1997 und danach Kündigungen in noch größerem Ausmaß erfolgen werden, wird auf die in Hinkunft besondere Notwendigkeit der „Lebensmittelstiftung“ AUFLEB hingewiesen. Diskutiert wird dabei eine Verlängerung der AUFLEB über den im Bundesgesetzblatt fixierten letztmöglichen Eintrittstermin hinaus.

3. Ziele und Erwartungen der beteiligten Organisationen

Die Erwartungen der involvierten Interessenvertretungen und der Wirtschaftsbetriebe an die Branchenstiftungen sind stark vom Aspekt des Herstellens der *„sozialen Verträglichkeit“* der Kündigungen geprägt, wobei von seiten der Wirtschaftskammer und vor allem bei den „Herkunftsbetrieben“ der StiftungsteilnehmerInnen die *„Auffangbeckenfunktion“* der Stiftungen und deren Beitrag zur *„Aufrechterhaltung des sozialen Friedens“* (Geschäftsführer eines Speditionsunternehmens) hervorgehoben wird. Die mit den Stiftungen verbundene *„Chance zur Abfederung des Strukturwandels“* (ÖGB-Landessekretär) wird auch von den Gewerkschaften betont: Im Vordergrund der Erwartungen steht hier jedoch die teilnehmerInnenorientierte *„Überbrückungsfunktion“* der Stiftungen und eine dadurch erwirkte Milderung der Folgen der Kündigungen für die Betroffenen. Als wesentlich wird der *„präventive Charakter der Branchenstiftungen im Sinne der Vermeidung von Langzeitarbeitslosigkeit“* (ÖGB-Landessekretär) genannt. Dieses Ziel sei dadurch zu erreichen, *„daß man die Entlassenen in der Stiftung wieder aufrichtet“,* die TeilnehmerInnen bei *„bestmöglicher Betreuung wieder für den Arbeitsprozeß gewinnt“* und sie mittels *„fallbezogener Abklärung der nötigen Maßnahmen“* (Landessekretär der ANG) und der gezielten Durchführung derselben wieder in das Erwerbsleben integriert.

Über das mit den Stiftungen verbundene Ziel der Wiederintegration besteht von seiten der Sozialpartner kaum ein Zweifel, unterschiedliche Auffassungen existieren jedoch über die entsprechenden Vorgangsweisen. Von den Gewerkschaften wird die Notwendigkeit zur *„Höherqualifikation und dies vor allem in Richtung Mehrfachqualifikationen“* (Betriebsrat eines lebensmittelproduzierenden Unternehmens) unterstrichen, von der Wirtschaftskammer wird betont, daß *„man die Leute möglichst kurzfristig* [...] *und das bei Ausrichtung auf den Bedarf der Wirtschaft unterbringen will“* (Vertreter der Bundeswirtschaftskammer).

Die auch aufgrund kostenökonomischer Überlegungen divergierenden Ansichten münden jedoch in die konsensuelle Auffassung, daß die Entscheidungen über die anzuwendenden Maßnahmen vor Ort auf der Basis eines gründlichen Abklärungsprozesses der Eignungen und Bedürfnisse der TeilnehmerInnen in Verbindung mit der Aufnahmefähigkeit der jeweiligen Arbeitsmärkte fallen sollen. Festzuhalten ist, daß

Forderungen der Interessenvertretungen nach möglichst rascher Vermittlung bei Verzicht auf Qualifikationsmaßnahmen vereinzelt bleiben. Im Vordergrund der Zielsetzungen steht durchwegs die Chancenerhöhung der TeilnehmerInnen durch Höherqualifizierung beziehungsweise berufliche Neuorientierung, wobei eine „schnelle“ Vermittlung durchwegs nur dann als sinnvoll erachtet wird, wenn die TeilnehmerInnen auch ohne Schulungsmaßnahmen bereits ausreichend qualifiziert sind und der persönliche Wunsch nach einem frühestmöglichen Arbeitsantritt durch ein vorliegendes Stellenangebot realisiert werden kann.
Das erklärte Ziel der Wiederintegration der TeilnehmerInnen in den Arbeitsmarkt wird auch durch die befragten ExpertInnen des AMS und der beiden Branchenstiftungen unterschiedlich interpretiert und gewichtet. Von seiten des AMS fließen Ansprüche an das *„relativ teure Instrument Stiftung“* wie auch Erfahrungen hinsichtlich der sich verringernden Aufnahmefähigkeit der Arbeitsmärkte mit ein. Infolge der Tatsache, daß jedoch für StiftungsteilnehmerInnen *„umfassende sinnvolle Maßnahmen auf Basis weitaus besserer Rahmenbedingungen als bei anderen [AMS-]Maßnahmen üblich“* (Vertreterin einer LGS) zur Verfügung stehen, werden zum Teil hochgesteckte Erwartungen geäußert – sowohl was die Qualität der Maßnahmen und die Anzahl der in den Arbeitsmarkt integrierbaren TeilnehmerInnen als auch die Stabilität ihrer Berufslaufbahnen nach absolvierter Stiftung anbelangt.
Das AMS betont, daß die Gewichtung der Ziele und der Einsatz der Maßnahmen fallbezogen vorgenommen werden soll:[35] *„Oft fehlt wirklich nur ein kleiner Feinschliff, ein kleiner Kurs, dann sind die Leute wieder vermittelbar.* [...] *Wenn jemand schon eine verwertbare Qualifikation mitbringt, dann wird es unser Ziel sein, ihn schnell zu vermitteln. Und das wird auch in seinem Interesse liegen. Und wenn wir jemanden in der Stiftung haben, von dem wir wissen, daß seine Qualifikation überhaupt nicht mehr verlangt wird, dann kann es nicht unser Ziel sein, ihn durch einen kurzen und billigen Kurs schnell wieder unterzubringen. Da wird ein zukunftsträchtiger Karriereplan, auch wenn längere Ausbildungsmaßnahmen nötig sind, ganz wichtig sein. Ziel ist es in solchen Fällen, daß wir zufriedene Arbeitnehmer haben, die noch viele Jahre bis zur Pension arbeiten gehen können.“* (Vertreter einer LGS)

35 Hier unterscheiden sich die Zielsetzungen etwa einer Schweizer „Transferorganisation“, die explizit eine Höherqualifizierung der TeilnehmerInnen *„um eine Funktionsstufe“* vorsah. Vgl. dazu: ÖSB-Informationen 3/1996. S. 11.

Der Auftrag zum differenzierten Einsatz der Instrumentarien findet bei den Kooperationspartnern in den Regionen grundsätzliche Zustimmung. In der Praxis sei allerdings *„die Aus- und Weiterbildung die wichtigste Schiene“*. Zielgerichtete Qualifikationsmaßnahmen werden als Basis für eine längerfristige Integration erachtet: *„Wir halten nichts von kurzfristigen Lösungen, vor allem nicht bei TeilnehmerInnen, die keine abgeschlossene Berufsausbildung haben.* [...] *Niedrigqualifizierte werden binnen kurzer Zeit wieder arbeitslos sein. Man kann da nur schauen, eine relativ hohe Qualifikation in der Stiftung zu erreichen.“* (Managerin eines regionalen Kooperationspartners)
Während in einigen Bundesländern also eine verstärkte Tendenz zur Anwendung von Aufschulungsmaßnahmen zu registrieren ist, gibt es in anderen Bundesländern wiederum primär vermittlungsorientierte Zugänge: *„Im Grunde genommen sind wir hier, was die Umsetzung des Stiftungskonzeptes betrifft, sehr integrationsorientiert. Und das ist richtig aufgegangen: Wir haben bei den bisherigen Stiftungen einen relativ großen Anteil der Stiftungsteilnehmer relativ schnell integriert – und haben Qualifikation sozusagen wirklich als Mittel der zweiten Wahl eingesetzt.“* (Vertreter einer LGS)
Es ist schwierig zu beurteilen, inwieweit hinsichtlich des Einsatzes unterschiedlicher Qualifikations- und Vermittlungsmaßnahmen neben arbeitsmarktspezifischen beziehungsweise arbeitsmarktpolitisch fundierten Aspekten in den Bundesländern auch interessenpolitische Einflußnahmen zum Tragen kommen. Von VertreterInnen der regionalen Kooperationspartner wird dazu erklärt, daß für Entscheidungen bezüglich der grundsätzlichen Ausrichtung der Bildungspläne ein *„Handlungsspielraum gegeben“* sei, daß jedoch auch durch die Vorstände der regionalen Trägerorganisationen und die AMS-Landesorganisationen *„unterschiedliche Vorstellungen und Bedürfnisse an die regionalen Stiftungsmanager herangetragen werden“* (Geschäftsführer eines regionalen Trägervereines).
Generell ist zu beobachten, daß vor dem Hintergrund sich verschlechternder Arbeitsmärkte beziehungsweise auch sich insgesamt verändernder Arbeitsstrukturen hin zu größerer Fluktuation von Arbeitsverhältnissen und -inhalten aktuell eine Diskussion zu neuen Zielen von Arbeitsstiftungen entsteht. Die Erwartungen an die (Branchen-) Arbeitsstiftungen haben sich im Lauf der Zeit relativiert: *„Wir sind jetzt alle in der Realität gelandet. Und es zeigt sich, daß die Stiftung keine Arbeitsplätze, sondern einfach die Möglichkeit einer großzügigen Förderung für Ausbildungen schafft.“* (Leiter einer RGS)

Das AMS verweist darauf, daß die Branchenstiftungen eines neuen *„Drives"* bedürfen: *„Wir sind jetzt an einem Punkt angelangt, an dem sie gute Arbeit geleistet haben, aber an dem ich Ängste habe, daß sie es in dieser Form nicht mehr werden leisten können. Ich denke, wenn sich die Wirtschaft weiterhin so dramatisch entwickelt, werden sie keinen kurzfristigen Erfolgscharakter mehr haben. Wenn ich mir die Tendenzen und Zahlen der Umsetzung in Arbeitsplätze österreichweit anschaue, dann haben wir immer 90–95 % Vermittlungsrate gehabt, und jetzt pendelt man sich schon eher bei 80 % ein.* [...] *Ich bin ziemlich überzeugt, daß da was Neues notwendig ist."* (Vertreterin einer LGS)

Die Diskussion künftiger Schwerpunktsetzungen, die vor allem in Richtung der Schaffung von (Projekt-)Arbeitsplätzen sowie verstärkter Vermittlungsbemühungen geht, wurde von den beiden Branchenstiftungen selbst in letzter Zeit intensiviert. Belege dafür sind neben Konzeptionen für Beschäftigungsprojekte im „sekundären Arbeitsmarkt" auch Veranstaltungen und Seminare, die sich mit Formen der Arbeitskräfteüberlassung und alternativen Möglichkeiten der Arbeitsvermittlung auseinandersetzen. Als wesentlich für eine tendenzielle Schwerpunktverlagerung von einer *„Qualifizierungsstiftung"* hin zu einer *„Umstrukturierungsstiftung"*[36] gilt die Stärkung von Projekt- und Gründungsaktivitäten.

Diesbezügliche Kritik an der Arbeit von AUSPED und AUFLEB kommt aus den eigenen Reihen: Beiden Branchenstiftungen wird insofern eine *„Strukturschwäche"* (Vertreterin der AUSPED) attestiert, als das Verständnis des Auftrages der Stiftungen in den Bundesländern zu unterschiedlich und mit einer deutlichen Gewichtung in Richtung *„Ausbildungseinrichtung"* interpretiert werde.

Eingefordert wird vor allem eine stärkere Orientierung am Bedarf der Wirtschaft sowie eine verstärkte Kommunikation zwischen Stiftungen und Wirtschaftsbetrieben. Eine Klärung dieses und weiterer offener inhaltlicher Punkte[37] sei Voraussetzung, um die angestrebte *„Markt-*

36 *„Was die Ausrichtung der jeweiligen Arbeitsstiftung betrifft, läßt sich derzeit folgende Differenzierung treffen: Während eine ‚Qualifizierungsstiftung' primär auf die Weiterqualifizierung oder Ausbildung für neue Berufe in einem tendenziell gut funktionierenden Wirtschaftsraum ausgerichtet ist, zielt eine ‚Umstrukturierungsstiftung' in einer strukturschwachen Region verstärkt auf die Schaffung von Arbeitsplätzen."* Vgl. dazu: Schwerpunkt Arbeitsstiftungen, ÖSB-Informationen 3/1996. S. 4 f.

37 Von mehreren Kooperationspartnern wird zur Klärung offener inhaltlicher Fragen sowie zur Standardisierung von Verfahren die Einführung eines Qualitätssicherungssystemes vorgeschlagen.

orientierung" verwirklichen zu können: Die stärkere Verankerung der Stiftungen in den Regionen und ein wesentlich intensivierter Dialog zwischen den regionalen Kooperationspartnern und den vor Ort ansässigen Wirtschaftsbetrieben mit dem Ziel, bedarfsadäquat zu qualifizieren sowie auf dieser Basis effizient vermitteln[38] zu können, seien wichtige Voraussetzungen für eine erfolgreiche Arbeit.
Zur Zeit sei die Anzahl der ManagerInnen der Branchenstiftungen, die *„sehr intensiv mit Unternehmen über Arbeitsplätze sprechen"*, zu klein, lautet die Einsicht. Für die künftige Praxis wird eine Verstärkung des *„Kundenkonnexes"* eingefordert – wobei sich der Wunsch nach Einrichtung dauerhafter Kommunikations- und Vermittlungsstrukturen an die Adresse der Wirtschaftsbetriebe richtet. Unterstützend sollte man die Schaffung weiterer Einrichtungen, wie zum Beispiel solcher der *„[gemeinnützigen] Arbeitskräfteüberlassung"* (Vertreterin der AUSPED) überlegen.

38 Zur Zeit kann das Modul „aktive Arbeitssuche" neben dem der „Gründung" als das am schwächsten strukturierte der Branchenstiftungen gelten. Vgl. dazu insbesondere den Abschnitt 6. 4.

4. Die Kooperations- und Informationspraxis von AUSPED und AUFLEB

Wie bereits dargestellt, sind an der Durchführung der Branchenstiftungen eine Reihe von Organisationen beteiligt. Die Vorstände von AUSPED und AUFLEB sind neben der Vertretung der Stiftungen nach außen für die Genehmigung der Teilnahmeanträge zuständig. Dem zentralen Management obliegen bundesweit Planungs- und Controllingaufgaben, mit deren Umsetzung vor Ort die ManagerInnen der regionalen Kooperationspartner beauftragt sind. Die Tätigkeiten der ManagerInnen sind dabei äußerst vielfältig: Die TeilnehmerInneninformation, die Planung der Maßnahmenabläufe, die Planung des Mitteleinsatzes und eine im Idealfall enge Kooperation mit den Stellen des AMS sowie den regionalen Wirtschaftsbetrieben zählen ebenso dazu wie in einigen Bundesländern die persönliche Betreuung von TeilnehmerInnen etwa im Rahmen der „aktiven Arbeitssuche".[39] Die TrainerInnen sind neben den ManagerInnen für den zielgerichteten Ablauf der Berufsorientierungsmaßnahmen und vor allem für umsetzungsreife „Karrierepläne" verantwortlich. Ein mehrfach von den TrainerInnen angesprochenes Manko besteht darin, daß sie zum Teil neben Berufsorientierungsmaßnahmen auch TeilnehmerInnen der „aktiven Arbeitssuche" mitzubetreuen haben – dies in Einzelfällen auch *„nebenbei und am Abend"* (BO-Trainerin).

Das Arbeitsmarktservice ist auf allen seinen Ebenen in die Stiftungen eingebunden. Während die Bundesgeschäftsstelle den Mittelfluß steuert und überwacht, haben die AMS-Geschäftsstellen nicht nur die Aufgabe, die Arbeitslosen zu informieren, sondern auch den Auftrag zur EDV-Kodierung beziehungsweise zur Regelung der Auszahlung des Schulungsarbeitslosengeldes für die StiftungsteilnehmerInnen und zur Kooperation mit den ManagerInnen hinsichtlich der Arbeitsvermittlung der TeilnehmerInnen bei Stiftungsaustritt. Die AMS-Geschäftsstellen – in einigen Fällen die Landesgeschäftsstellen – entscheiden über die arbeitsmarktpolitische Sinnhaftigkeit der vorgelegten „Karrierepläne" und genehmigen diese für gewöhnlich nach mehr

39 Hier liegt ein struktureller Mangel vor, der bereits in der Konzeption und Kostenplanung festgeschrieben wurde. Im AUFLEB-Kostenschlüssel sind zwar Fixbeträge für „zentrale Administration" sowie für „Betreuung und ‚aktive Arbeitssuche'", aber keine für das regionale Management vorzufinden. In einigen Bundesländern müssen ManagerInnen persönlich Gruppen im Bereich der „aktiven Arbeitssuche" betreuen, weshalb oft Zeit für eine strukturierte Ausweitung von Wirtschaftskontakten fehlt.

oder minder intensiven „Verhandlungsprozessen“ mit den StiftungsmanagerInnen.[40] Das AMS ist schließlich ebenso wie die VertreterInnen der Sozialpartner und der Gebietskörperschaften in den regionalen Beiräten einzelner Bundesländer repräsentiert.
Die Beteiligung der Wirtschaftsbetriebe an den Branchenstiftungen ist je nach wirtschaftlicher Situation der Unternehmen eine entgegengesetzte: Fungieren insolvente und personalreduzierende Unternehmen klarerweise als *„Herkunftsbetriebe“* von StiftungsteilnehmerInnen, wird von Unternehmen, die sich eine *„stabile Marktposition“* bescheinigen, eine – wenn auch meist nur bei punktuellem Personalbedarf – potentielle *„Abnehmerfunktion“* angesprochen. Dementsprechend anders gelagert stellen sich auch die Kooperationsbedürfnisse der Unternehmen dar: Während für Unternehmen, die die Stiftungen beschicken wollen, vor allem Informationen über Zugangsmodalitäten wichtig sind, wird von potentiellen Beschäftigungsgebern eine verstärkte Kooperation im Sinne des Eruierens von nachgefragten Ausbildungen und in der Folge des Anbietens von qualifizierten StiftungsteilnehmerInnen urgiert.
Der folgenden Erörterung sollen zwei Faktoren vorangestellt werden, die von den Befragten vielfach als Auslöser für Konflikte und Reibungen gesehen werden:

- Beide Branchenstiftungen sind von Interessenvertretungen initiiert und konzipiert worden, wobei das Arbeitsmarktservice in die inhaltliche Konzeption sehr spät involviert wurde.
- Bei beiden Stiftungen wird eine kaum ausreichende Vorbereitung beziehungsweise eine nicht rechtzeitige Klärung wesentlicher Kooperationsbeziehungen vermerkt.

An die Umsetzung der AUFLEB sei man *„teilweise unbedarft und euphorisch herangegangen“* und habe der Frage, wer *„die möglichen Partner“* in den Regionen sind – gemeint sind hier vor allem die regionalen Wirtschaftsbetriebe sowie deren Betriebsräte –, zu wenig Beachtung geschenkt. Außerdem sei verabsäumt worden, wesentliche Ansprechpartner wie das Arbeitsmarktservice *„rechtzeitig in die Umsetzung der AUFLEB einzubinden“* (ÖGB-Landesekretär). Das *„Fehlen einer intensiven Aufbereitungs- und Informationsphase“* (Landes-

40 Von mehreren LGS des AMS wird moniert, daß Rechtsunsicherheiten bezüglich Ablehnungen von „Karriereplänen“ bestehen. So wird in der Praxis auf formelle Ablehnungen verzichtet. Die Folge bei „strittigen“ Vorhaben sind vielfach längere und zu Kompromissen tendierende Abstimmungsgespräche zwischen AMS-VertreterInnen und ManagerInnen der regionalen Kooperationspartner.

sekretär der Gewerkschaft ANG) wirke sich nun bei beiden Branchenstiftungen in ihrer Zusammenarbeit mit den AMS-Geschäftsstellen, bei der AUFLEB aber insbesondere bei den Kontakten zu den Wirtschaftsbetrieben aus.

Für die AUSPED wird von den UnternehmensvertreterInnen die Kooperation mit der Stiftung in Form von Abstimmungsgesprächen mit dem zentralen Geschäftsführer als ausreichend und zufriedenstellend eingeschätzt. Auch von seiten der Gewerkschaft wird betont: *„Wir haben ein sehr gutes Klima zwischen allen Vertragspartnern."* (Vertreter der GPA/Fachgruppe Handel und Verkehr) Die Hauptberührungspunkte von Speditionsunternehmen und AUSPED liegen dabei im Bereich der finanziellen Zuschußleistung an die StiftungsteilnehmerInnen.

Vor allem diejenigen Betriebe, die ein zusätzliches Stipendium bezahlen, berichten von Kontakten zu den regionalen Kooperationspartnern: *„Wir [bezahlen] quasi den StiftungsteilnehmerInnen ein Zubrot, [daher] holen wir regelmäßig ein, wer von uns noch in der Stiftung ist."* (Personalchef eines Speditionsunternehmens) Darüber hinaus sind vereinzelt bei der Rekrutierung von StiftungsteilnehmerInnen für den Betrieb Berührungspunkte gegeben.[41]

Bei der AUFLEB wird hingegen eine Verbesserung der Zusammenarbeit nach mehreren Gesichtspunkten eingefordert. Betont wird, daß die AUFLEB bei allen Beteiligten und potentiellen Partnern stärker verankert werden muß. Allgemein wird eine Verstärkung der Zusammenarbeit mit den Wirtschaftsbetrieben der Lebensmittelbranche urgiert. Dabei werden zwei Gesichtspunkte hervorgehoben: Einerseits soll durch intensivere Kontakte zu den Unternehmen der Zugang der Betroffenen zur Stiftung erleichtert werden, andererseits soll den Betrieben der Regionen die Stiftung als *„Qualifikationspool"* nähergebracht werden – *„Wirtschaftsstrategen holen sich Gutqualifizierte aus der Stiftung."* (Betriebsrat eines fleischverarbeitenden Betriebes)

Der verstärkte Kontakt zu den Wirtschaftsbetrieben im allgemeinen wird auch als wesentlich für die Erstellung umsetzungsfähiger „Karrierepläne" gesehen: Sowohl Kenntnisse über praxisrelevante Ausbildungen als auch über Betriebskontakte akquirierte Praktikumsplätze erhöhen die Wiederintegrationsquote. Gefordert seien hier vor allem die

41 Die Anzahl der (wieder)eingestellten StiftungsteilnehmerInnen wird aber als gering dargestellt: *„Wir haben etwa 150 ehemalige Beschäftigte in der AUSPED, zwei StiftungsteilnehmerInnen haben wir wieder eingestellt."* (Geschäftsführer eines Speditionsunternehmens)

regionalen Kooperationspartner: Die *„relative Abgekoppeltheit eines relativ schwerfälligen Instruments"* (ÖGB-Landessekretär) lasse sich nur mit einem Bündel von Informations- und Kooperationsmaßnahmen in den Regionen lösen.

In diesem Sinne sei auch das Selbstverständnis der ManagerInnen der regionalen Kooperationspartner zu hinterfragen und deren Funktion hinsichtlich der Zusammenarbeit mit den regionalen Ansprechstellen weitaus offensiver zu gestalten.

Im Zuge der Erhebungen wurde zunehmend deutlich, daß die Kooperationsbeziehungen zwischen den Branchenstiftungen und dem AMS nur rudimentär verankert beziehungsweise festgeschrieben sind und daß diese in den Bundesländern vielfach unterschiedlich interpretiert werden. Im Gefolge von Unklarheiten und Unsicherheiten, welche Organisation zu welchem Zeitpunkt welche Aufgabe zu übernehmen hat, entwickeln sich zusätzlich leicht *„atmosphärische Störungen* in den Arbeitsbeziehungen, die kontraproduktive Auswirkungen zeitigen können.

Kritikpunkte und Verbesserungsvorschläge zum Thema „Kooperation"

IST	SOLL
mangelhafte Anbindung der Branchenstiftungen an die Regionen	Schaffung von „Stiftungszentren" in den Regionen; mehr und verbesserte Bewußtseins- und Medienarbeit
zu große Passivität der regionalen Kooperationspartner in puncto Kontakte zu Betrieben, zur Gewerkschaft und zum AMS	Neuinterpretation und Festschreibung der Kooperationsbeziehungen und -tätigkeiten, offensivere Gestaltung durch die regionalen Kooperationspartner
Kooperation mit dem AMS in den Bundesländern hinsichtlich der Aufgaben und ihrer Aufteilung mit Mißverständnissen behaftet	Klärung der Aufgaben und Kompetenzen in einem gemeinsamen Kommunikationsprozeß
unklare Erwartungen der Herkunfts- und Zielbetriebe	Die Betriebe müssen als „Kunden" der Stiftungen verstanden werden; es gelte, die Stiftungen stärker als „Pool" von gut ausgebildeten Arbeitskräften anzubieten.
Gewerkschaftsbasis (Betriebsräte) zu wenig eingebunden oder schlecht informiert	verstärkte Zusammenarbeit mit Betriebsräten: periodische Kontakte; Vorschlag: Einbindung der Betriebsräte in Maßnahmen (Vorträge über Arbeitsrecht etc.)
kaum Kontakte zwischen Betrieben und Betriebsräten und ehemaligen MitarbeiterInnen	Rückmeldungen der regionalen Kooperationspartner an die Betriebsräte über den Werdegang von ehemaligen KollegInnen (z. B. in Form der öffentlichen Präsentation von „Karriereplänen")

4.1 Die Funktion des Arbeitsmarktservice

Die Beteiligung des AMS am Ablauf der beiden Branchenstiftungen ist in den Bescheiden beziehungsweise Stiftungsordnungen definiert und umfaßt neben Finanzierungsmodalitäten im Kern die Zugangsregelung der TeilnehmerInnen sowie die verpflichtende Abstimmung der Maßnahmen zwischen den AMS-Geschäftsstellen und den Stiftungskooperationspartnern. Genehmigt werden Maßnahmen vom AMS nach 18/6 ALVG mit der Einschränkung, *„daß jeweils nur solche Arbeitslose in die anerkannte Maßnahme einbezogen werden, bei denen die jeweilige Landesgeschäftsstelle des Arbeitsmarktservice unter Bedachtnahme auf die bisherige Ausbildung, Qualifikation und Berufslaufbahn sowie die Lage und Entwicklung des Arbeitsmarktes eine positive arbeitsmarktpolitische Stellungnahme abgegeben hat"*.[42]
Hinsichtlich der Genehmigung des „Karriereplans" ist festgehalten, daß *„der Plan arbeitsmarktpolitisch ausschließlich vom Arbeitsmarktservice begutachtet und gegebenenfalls genehmigt [wird]. Bei Nichtgenehmigung ist die Teilnahme an der Maßnahme nicht möglich."*[43] Zusätzlich ist das Recht des AMS festgeschrieben, sowohl *„die konzeptgemäße Abwicklung zu kontrollieren"*[44] als auch jederzeit die Bereitstellung sämtlicher für die Organisation und Durchführung der Maßnahmen relevanten Schriftstücke und Belege einfordern zu können.[45]
Eine konkrete Regelung der Zusammenarbeit zwischen den RGS des AMS und den regionalen Kooperationspartnern vor Ort findet sich in den Konzepten, Stiftungsordnungen, Bescheiden etc. nicht.
Der breite Interpretationsspielraum hinsichtlich der Zusammenarbeit zwischen AMS und den Stiftungskooperationspartnern vor Ort wird auch in den Kooperationsverträgen zwischen AUFLEB und AUSPED und den regionalen Kooperationspartnern in den Bundesländern, die auf den jeweiligen Feinkonzepten und Stiftungsrichtlinien basieren und auf dieser Grundlage im wesentlichen das Rechtsverhältnis zwischen Zentrale und regionaler Stelle regeln, nicht konkretisiert.
Von den Landesgeschäftsstellen des Arbeitsmarktservice werden die beiden Branchenstiftungen durchgängig als *„zugekaufte Dienstleistung"* betrachtet, wobei angemerkt wird, daß sich dieses Bewußtsein

42 Bescheid der LGS Wien an die AUFLEB vom 4. 7. 1995. S. 1.
43 Katalog der Maßnahmen zur Aus- und Weiterbildung in der Branchenstiftung AUFLEB, Beilage 5 der Konzeption der AUFLEB-STIFTUNG, o. J. S. 2.
44 Fördervertrag zwischen AMS Österreich und AUSPED vom 23. 3. 1995, 5. S. 3.
45 Fördervertrag zwischen AMS Österreich und AUSPED vom 23. 3. 1995, 12. S. 9.

und die damit für die Tagesarbeit verbundenen Vorteile bei den AMS-BeraterInnen nicht durchgesetzt habe: *„Leider wird das noch mit einer gewissen Skepsis betrachtet, auch aus falsch verstandener Konkurrenz.* [...] *Man müßte dem Berater mehr die Vorteile der Stiftungen für ihn zeigen. Die Vorgemerkten fallen nicht mehr in seine Betreuung, belasten ihn auch nicht in seiner Statistik. Und damit er diese Vorteile auch nutzen kann, muß er dem Vorgemerkten auch die Fahrkarte, sprich Einladung, weitergeben.“* (Stiftungskontaktperson einer LGS)
In der Tagesarbeit der AMS-Geschäftsstellen sind allerdings praktische Erfahrungen sowie Fragen der Arbeitsbelastung ausschlaggebend. Dazu ist grundsätzlich festzustellen, daß eine eher zögerlich festzustellende Annahme des Instruments Branchenstiftung durch BeraterInnen von AMS-Geschäftsstellen vielfach aus Informationsmängeln und Interpretationsunsicherheiten vor allem bei Verantwortlichkeiten für die StiftungsteilnehmerInnen während der Teilnahme und bei der Kooperation mit den regionalen Stiftungsorganisationen resultiert.[46]

Mehr als zum Zeitpunkt des Starts der Branchenstiftungen, als diesbezügliche Informationen über Großbetriebe beziehungsweise über die Sozialpartner an die Betroffenen gelangten, kommt aktuell bei Schließungen von Kleinbetrieben und vor allem bei Einzelentlassungen den AMS-BeraterInnen eine zentrale Rolle zu – und dies auf mehreren Ebenen: Einerseits bietet sich bei den (Erst-)Vormerkungskontakten die Gelegenheit, die Informationen über die Teilnahmemöglichkeit weiterzugeben, andererseits sind im vorhandenen Vorgemerktenbestand – auch unter Anwendung strenger Zugangsbestimmungen – potentielle TeilnehmerInnen enthalten. Zusätzlich geht es um die Ermöglichung der Teilnahme von Vorgemerkten, für die Ausnahmeregelungen angewendet werden können (NotstandshilfebezieherInnen, WiedereinsteigerInnen).
Eine zielgerichtete Einlösung der Informationstätigkeit durch die AMS-BeraterInnen bedarf jedoch mehrerer Voraussetzungen: Wesentlich ist, daß die BeraterInnen bei den Erstkontakten potentielle StiftungsteilnehmerInnen *„erkennen“:* Sie müssen feststellen können, ob die vorgemerkte Person die Zugangsrichtlinien hinsichtlich Branche, Kollektivvertrag, Dauer der Arbeitslosigkeit etc. erfüllt. Wichtig ist

46 Hinzu kommt in Einzelfällen ein ausgeprägtes Verständnis von AMS-BeraterInnen, Vorgemerkte erst nach erfolglosen Vermittlungsbemühungen über die Möglichkeit der Stiftungsteilnahme zu informieren.

weiters, daß die BeraterInnen die Vorgemerktenbestände periodisch „durchforsten“, daß sie über ausreichende Informationen über die Stiftungsangebote und -abläufe, die finanziellen Rahmenbedingungen der Stiftungen etc. verfügen und von den Stiftungskontaktpersonen der RGS und insbesondere den ManagerInnen der regionalen Stiftungen ausreichend über das Stiftungsprozedere – beispielsweise über Ausbildungswege und Stiftungsablauf – informiert werden.
Erwartungen an eine derartige „Drehscheibenfunktion“ der AMS-BeraterInnen, die von den ManagerInnen der regionalen Kooperationspartner und von vorgesetzten Ebenen des AMS geäußert werden, sind zur Zeit jedoch durchwegs nicht einlösbar. In der internen Praxis der AMS-Geschäftsstellen sind die Stiftungskompetenzen verteilt: BeraterInnen sollen für die *„Erstinformation“* der Vorgemerkten sorgen, die *„Stiftungskontaktpersonen“* (meist AbteilungsleiterInnen) sind AnsprechpartnerInnen für weiterführende Beratungsgespräche und für Kontakte zum regionalen Kooperationspartner der Stiftungen sowie für die Genehmigung der „Karrierepläne“ zuständig. Dieser Aufgabenteilung steht jedoch ein enormes Informationsdefizit der BeraterInnen entgegen: *„Die Informationsmappen sind beim Abteilungsleiter, aber arbeiten mit den Leuten tun dann ja nicht die Abteilungsleiter, sondern die Kollegen, die die Vorgemerkten betreuen.“* (Beraterin einer regionalen Geschäftsstelle)
Ohne die Voraussetzung genauer Kenntnisse über die Beschaffenheit des Instruments ist das Stiftungsangebot in der Beratungspraxis kaum einsetzbar. Erschwerend kommt hinzu, daß aufgrund des hohen Vorgemerktenstandes keine Zeit für ein ausführliches Beratungsgespräch zur Verfügung steht. Dieser Umstand und die mangelhafte Informationslage der BeraterInnen stehen im Widerspruch zur Erfahrung von BeraterInnen, die die Wichtigkeit des Erstgespräches betonen: *„Wenn beim Erstkontakt vergessen wird, auf die Stiftung hinzuweisen, passiert es kaum mehr.“* (Beraterin einer regionalen Geschäftsstelle)
Eine spezielle Aufgabenstellung der RGS besteht in der zum Teil per Dienstanweisungen durch die Landesgeschäftsstellen verlangten *„Durchforstung“* des Vorgemerktenstandes mit dem Ziel, bereits länger vorgemerkte potentielle StiftungsteilnehmerInnen aus den entsprechenden Wirtschaftsklassen *„herauszufiltern“* und über die Teilnahmemöglichkeit zu informieren. Erschwert wird dieses Verfahren – wie bereits erwähnt – durch die mangelhafte Aussagekraft der Daten wegen der hohen Quote falscher Zuordnungen der Vorgemerkten zu den Wirtschaftsklassen. Umso wichtiger wird damit die Notwendigkeit

von persönlichen Beratungsgesprächen mit Vorgemerkten, in denen die Zugangsmöglichkeit zu den Stiftungen abgeklärt werden kann.
Eine weitere Hürde für die BeraterInnen stellt die Entscheidung über die Teilnahme von BezieherInnen von Notstandshilfe dar, wobei die grundsätzliche Haltung der vorgesetzten Ebenen des AMS den BeraterInnen nicht immer transparent erscheint. Nach Meinung der befragten BeraterInnen sollten NotstandshilfebezieherInnen nur in *„Ausnahmefällen“* Zugang zu den Stiftungen haben – vor allem Personen, die nicht aus Eigenverschulden die Frist versäumten und *„in den Notstand rutschten“*. Man ist durchgängig dafür, die Stiftungen für diesen Personenkreis nicht *„grundsätzlich aufzumachen“*, sondern die Teilnahmemöglichkeit im Einzelfall zu hinterfragen und mit den Landesgeschäftsstellen abzustimmen. Auf die Frage, weshalb es eigentlich NotstandshilfebezieherInnen gebe, die nicht in der Stiftung sind, wird an Einzelfällen demonstriert, wie es zu *„Fristversäumnissen“* gekommen ist: Unter den NotstandshilfebezieherInnen finden sich demnach sowohl Personen, die in bezug auf die Eintrittsfristen bereits zu lange arbeitslos sind, als auch Personen, die sich mit einer Anmeldung aus verschiedenen Gründen zu lange Zeit gelassen haben oder keine Informationen über die Möglichkeit der Stiftungsteilnahme hatten. Eingeräumt wird, daß vor allem potentielle AUFLEB-StiftungsteilnehmerInnen *„durchgerutscht sind“* (BeraterIn einer RGS).
Eine weitere zentrale Anforderung an die AMS-Geschäftsstellen besteht in der Genehmigung der „Karrierepläne“. Dazu ist festzustellen, daß diese zwar grundsätzlich von den RGS (meist von den Stiftungskontaktpersonen in Absprache mit den RGS-LeiterInnen, zum Teil aber auch von den LGS) genehmigt werden, daß in den Bundesländern jedoch unterschiedliche Interpretationen bezüglich der Intensität der Begleitung bestehen. In der Bandbreite der Vorgangsweisen finden sich RGS, die in die *„Erstellung der ‚Karrierepläne‘ nicht eingebunden sind“* (Stiftungskontaktperson einer RGS), und solche, die für sich *„eine eigene Art, mit Stiftungen umzugehen“*, und damit eine *„ExpertInnenrolle der RGS“* (Stiftungskontaktperson einer RGS) in Anspruch nehmen, was sich in einer engen Begleitung bei der Entstehung von „Karriereplänen“ manifestiert: Begründet wird die Form der intensiven Mitarbeit mit der zielführenden gemeinsamen Erarbeitung der „Karrierepläne“. Durch die permanente Begleitung sei gewährleistet, daß das AMS seine spezifische Kenntnis des regionalen Arbeitsmarktes einbringen und somit einen Beitrag zur erfolgreichen Umsetzung des „Karriereplanes“ leisten kann: *„Die Leute werden von Anfang an*

begleitet. Die melden sich schon bei mir arbeitslos. [...] *Wir haben jede Woche eine Trainerbesprechung, bei der jeder einzelne Fall durchgegangen wird, und wenn es dann wo hakt, setzen wir uns mit Trainer und Stiftungsteilnehmer zusammen und suchen eine Lösung. Alle wissen und akzeptieren, daß das AMS da dabei ist – bis zum Austritt.*" (Stiftungskontaktperson einer RGS) Unterschiedliche Modi hinsichtlich der Begleitung von „Karriereplänen" finden sich dabei jedoch nicht nur zwischen den Bundesländern, sondern auch zwischen den RGS einzelner Bundesländer.

Kritikpunkte und Verbesserungsvorschläge zum Thema „Aufgaben der RGS des Arbeitsmarktservice"

IST	SOLL
AMS-BeraterInnen sind großteils schlecht über Stiftungsinhalte und -abläufe informiert.	verbesserte Informationsgrundlagen für BeraterInnen; Verbesserung des AMS-internen Informationsflusses und verbesserte Informationsarbeit durch die Stiftungen selbst
AMS-BeraterInnen sind zum Teil nicht entsprechend motiviert, das Instrument Arbeitsstiftungen anzubieten.	Klärung der Rolle von Arbeitsstiftungen für die Tagesarbeit; Hebung der Motivation zum Einsatz des Stiftungsangebotes
Zwischen StiftungsmanagerInnen und BeraterInnen bestehen keine ausreichenden Kontakte.	Verstärkung der Kooperationsbemühungen durch die ManagerInnen der regionalen Kooperationspartnerorganisationen (z. B. Einbindung in BO-Maßnahmen)
BeraterInnen sehen sich oft mit unrealistischen Erwartungen potentieller TeilnehmerInnen konfrontiert.	verbesserte TeilnehmerInneninformation durch Gewerkschaften und Betriebe
Bei den BeraterInnen bestehen vielfach Unsicherheiten über das Informations- und Kooperationsprozedere.	klare Regelung hinsichtlich der Aufgabenverteilung zwischen regionalen Kooperationspartnern und RGS
Häufig liegen keine Informationen über Ausnahmebestimmungen vor.	Definition von Ausnahmebestimmungen plus Information
Zum Teil gibt es keine klaren Ansprechstellen in den LGS.	Installierung von Stiftungsverantwortlichen bei allen LGS (Klärungsstelle)
Das Stiftungsangebot wird vom AMS medial schlecht aufbereitet und „verkauft".	bessere Bewerbung der Branchenstiftungen und bessere Vermarktung der diesbezüglichen Leistungen des AMS

4.2 Informationstransfer

Für die TeilnehmerInnen selbst kann eine rechtzeitige und gute Information unter Umständen existentiell wichtig sein. Nur auf dieser Grundlage kann sich eine arbeitslose Person sinnhaft für oder gegen eine Stiftungsteilnahme entscheiden und die mit der Stiftungsteilnahme verbundenen Chancen wahrnehmen. Der Informationstransfer zwischen den Beteiligten stellt sich in der Praxis der Branchenstiftungen oft als vielfach gebrochen dar. Als zentrale Informationsträger beziehungsweise „Informationsvermittler" galten zu Beginn der Stiftungstätigkeit die ManagerInnen der zentralen Stiftungsorganisationen, der regionalen Kooperationspartner sowie die VertreterInnen der Sozialpartner.

Im Fall der AUSPED stellt die Informationsarbeit zwischen der Stiftung, den Betrieben und ihren Beschäftigten hinsichtlich des Erreichens der Zielgruppen keine große Hürde dar, was sicher auch mit der begrenzten Anzahl der teilnehmenden Speditionsbetriebe zusammenhängt. Bei der AUSPED schien weniger der Zugang der TeilnehmerInnen als vielmehr die Qualität der TeilnehmerInneninformation eine Schwachstelle zu sein. Kritik findet hier vor allem der Umstand, daß durch GewerkschaftsvertreterInnen ungenaue Vorstellungen von den Stiftungsinhalten transportiert und zu Stiftungsstart *„vielfach statt Informationen ein Trostprogramm"* (Vertreterin der AUSPED) angeboten worden sei. Hervorgehoben wird, daß *„da bei der AUSPED ein historischer Sündenfall passiert ist"* (Vertreterin der AUSPED) – vor allem älteren TeilnehmerInnen, die kurz vor der Pensionierung standen, sei die Stiftung weniger als *„Arbeitsauftrag"* denn als *„Wartebank"* nähergebracht worden. Übersteigerte oder falsche Erwartungshaltungen von StiftungsteilnehmerInnen erschweren die Arbeit in den Stiftungen natürlich beträchtlich.

Der AUFLEB wird von Beginn an durchwegs eine Informationsarbeit mit realistischen Gehalten konzediert. Die erklärte Schwachstelle der AUFLEB liegt im Zugang zu den Wirtschaftsbetrieben und damit zu den TeilnehmerInnen. Dieses Problem wurde erst mit einem gewissen Verzögerungseffekt virulent – dies vor allem deswegen, weil sich der Zugang zu Betrieben und TeilnehmerInnen bei mehreren Großinsolvenzen zu Beginn der AUFLEB-Tätigkeit wesentlich einfacher gestaltete als bei Personalreduktionen von KMUs, die nunmehr den Regelfall darstellen. *„Wir wissen aus Erfahrung, daß wir ein besseres Informationssystem im Hinblick auf Großbetriebe haben.* [...] *Wir senden den Klein- und Mittelbetrieben zwar viele Unterlagen, aber sie schauen sie halt nicht an."* (VertreterInnen der Bundeswirtschaftskammer) Die Heterogenität der Lebensmittelbranche, die sich aktuell durchwegs in unterschiedlichen Stadien der Umstrukturierung befindet, trägt dazu bei, daß der Informationstransfer zu einem „Prüfstein" für die AUFLEB wird. Verzögerungen in der Verteilung von entsprechendem Informationsmaterial stoßen hier ebenso auf Kritik wie eine verspätete Abstimmung der Informationsaufgaben mit dem Arbeitsmarktservice.

An Personen, die nie über eine Teilnahmemöglichkeit informiert wurden und mittlerweile zum Teil bereits längerfristig arbeitslos sind, wird eine unterschiedliche Grundhaltung des AMS in den Bundesländern hinsichtlich der Durchführung von Informationsaufgaben ersichtlich: In Kärnten wird beispielsweise zwar auf eine enge Kooperation mit regionalen Betrieben, aber auch darauf verwiesen, daß durch Informationsaufgaben *„sehr viel an Arbeitskapazität gebunden"* werde. Im Bundesland Oberösterreich ist man eindeutig der Auffassung, daß die Verantwortlichkeit für den Informationstransfer an die Betroffenen der AUFLEB zuzuordnen ist: *„Es scheint, daß die Stiftung organisatorisch überfordert ist, diese Akquisitionsarbeit effektiv zu übernehmen.* [...] *Wenn wir die Akquisitionsarbeit in diesem Fall auch noch übernehmen sollen, dann* [...] *frage ich mich: Wozu brauche ich die Stiftung?"* (VertreterInnen der LGS) Von seiten der Bundesgeschäftsstelle des AMS hingegen wird eine *„Drehscheibenfunktion"* des AMS hinsichtlich der Branchenstiftungen betont.

Von den Gewerkschaften wird dem Thema Informationstransfer ebenfalls große Bedeutung zugemessen. Auf der Grundlage verstärkter Bewußtseinsarbeit, der Erzeugung von insgesamt *„mehr Betroffenheit"* (ÖGB-Landessekretär), seien unter Beteiligung aller gewerkschaftlichen Ebenen raschest Maßnahmen zu treffen, die ermöglichen, daß entsprechende Informationen jede/n einzelne/n potentielle/n Stiftungsteilnehmer/in rechtzeitig erreichen.[47]

Den Ergebnissen der Befragung von Betriebsräten zufolge ist man zur Zeit von diesem Wunschziel einer *„soliden Entscheidungsgrundlage"* noch weit entfernt. Einerseits werde es in einem *„fortdauernden Zergliederungs- und Umstrukturierungsprozeß immer schwieriger, die betriebliche Situation zu durchschauen"* (Betriebsrat eines fleischverarbeitenden Unternehmens) sowie rechtzeitig anstehende Kündigungen zu erkennen und die KollegInnen über die Möglichkeiten einer Stiftungsteilnahme zu informieren; andererseits fehle es auch am Kontakt zur Stiftung und damit an aktuellen detaillierten Informationen über Stiftungsangebote, über Inhalte und Maßnahmenorte etc.

Auf Entscheidungsträgerebene ist die Akzeptanz der Branchenstiftun-

47 Mittlerweile finden sich in den Periodika der Gewerkschaften Hinweise auf die Teilnahmemöglichkeit an den Branchenstiftungen. Ebenfalls hält die Gewerkschaft für Agrar – Nahrung – Genuß Informationsmappen mit einer ausführlichen Darstellung der AUFLEB bereit.

gen durchwegs gut. Ersichtlich wird aber auch, daß nur peripher informierte und eingebundene Personen Zweifel an der Sinnhaftigkeit der Stiftungen äußern – *„Unsere Leute wollen sich nicht umschulen lassen, sondern arbeiten"* (Betriebsrat eines fleischverarbeitenden Unternehmens) – und die Arbeitsstiftung gekündigten KollegInnen kaum als Alternative angeboten wird. Dieses Phänomen ist gleichermaßen bei den AMS-BeraterInnen beobachtbar: *„Kaum Vorstellungen davon, was in der Stiftung läuft"*, die *„Nichteinschätzbarkeit des Kundennutzens"* und der *„fehlende Mitvollzug des ‚Karriereplanes'"* lassen es leichter zu, daß *„die Kunden planlos auf der Suche nach einer Information durch das Haus hirschen"* (Beraterin einer RGS). Erfahrungen dieser Art und fehlende Kenntnisse über Stiftung und Prozedere prägen die Einschätzungen der BeraterInnen und senken nicht nur die Akzeptanz des Instruments, sondern fördern auch ein *„fehlendes Verständnis"* für *„privilegierte StiftungsteilnehmerInnen"*. Bei ausreichender Information über Wirkung und Beschaffenheit des Instruments steigt jedoch die Akzeptanz und die Sicherheit im Umgang. Dies zeigt sich deutlich in konträren Stellungnahmen von RGS mit jahrelanger Stiftungserfahrung und von RGS, denen das Instrumentarium relativ neu und noch unvertraut ist.

Kritisiert wird, daß die gängige Informationspraxis potentiellen TeilnehmerInnen gegenüber von Schlampigkeit geprägt und bisher vielfach nach dem Schema erfolgt sei: *„Eine Informationsveranstaltung, Hakerl, erledigt."* (ÖGB-Landessekretär) Nun sei nachträglich ein strukturelles Manko zu beseitigen, das durch die Haltung *„irgendwer macht das schon"* beziehungsweise durch ein mangelhaftes Controlling hinsichtlich der Frage, *„wer die Betriebe anspricht und potentielle TeilnehmerInnen herausfiltert"* (ÖGB-Landessekretär), entstanden sei. In der Praxis zeigt sich, daß eine Reihe potentieller TeilnehmerInnen, die alle Zugangsbestimmungen erfüllen und den Wunsch zur Teilnahme haben, nicht oder nur unzureichend informiert sind. Fast die Hälfte der nicht informierten Vorgemerkten – von denen immerhin ein Fünftel „großes Interesse" an einer Stiftungsteilnahme bekundete – war in der Zwischenzeit in den Notstandsbezug geraten: Ein Zugang zur Stiftung war damit mit der Auflage der Erteilung einer Ausnahmegenehmigung verbunden.

Zu betonen ist insbesondere, daß die Präzision der Informationen für den Zugang von teilnahmeinteressierten Personen wesentlich ist. Von den befragten BO-TrainerInnen wird darauf hingewiesen, daß aller Erfahrung nach das persönliche (Einzel-)Gespräch die geeignetste

Möglichkeit darstellt, um den Informationsbedürfnissen von teilnahmeinteressierten Personen gerecht zu werden. Informationsveranstaltungen, die in einem größeren Rahmen abgehalten werden, vermitteln zwar grundsätzliche Informationen, können aber nicht leisten, was oftmals nötig ist: die für viele InteressentInnen anfängliche Fremdheit des Instruments Arbeitsstiftung durch eine Darstellung der individuellen Nutzeffekte überwinden zu helfen und zur Teilnahme zu motivieren.

5. Von der Kündigung bis zum Stiftungseintritt

Im folgenden geht es um die Umstände, die zur Kündigung beziehungsweise zum Stiftungseintritt geführt haben, im speziellen darum, wie TeilnehmerInnen über die Möglichkeit der Stiftung informiert wurden sowie um die Gründe für den Stiftungseintritt und die damit verbundenen Erwartungen. Um einen ersten Eindruck zu vermitteln, werden zunächst einige Fallbeispiele vorgestellt.

5.1 Der Weg in die Stiftung – Fallbeispiele

Frau A., 53 Jahre, wird nach 28 Jahren als Buchhalterin in einer großen Spedition gekündigt. Eigentlich ist sie gelernte Verkäuferin, nach dem Lehrabschluß stieg sie aber sofort in eine Bürotätigkeit um. Im Oktober 1994 erfährt sie von ihrer bevorstehenden Kündigung, zugleich wird sie von ihrem Arbeitgeber auch über die AUSPED vorinformiert. *„Unser Chef hat zum Beispiel nur gesagt, es kann euch ja im Prinzip nicht viel passieren, außer vielleicht ein paar Kurse zu besuchen, und man kann drei bis vier Jahre in der Stiftung bleiben.* [...] *Von Arbeit oder wie man da wieder einsteigt oder sonstwas war überhaupt keine Rede."* Die Kündigung ist für sie trotz Vorankündigung nur schwer zu bewältigen und macht sie beinahe handlungsunfähig: *„Wenn man nicht mehr gebraucht wird, interessieren einen eine Zeitlang keine anderen Dinge mehr.* [...] *Bei uns sind die Kündigungen so getröpfelt, mit mir gemeinsam waren noch zwei andere Kollegen gekündigt worden, auch beide über 50. Man kann nicht alles der EU zuschreiben, obwohl das sehr praktisch ist: Da ist jetzt ein älterer Arbeitnehmer, die Abfertigung müssen wir sowieso zahlen, sonst ist sie recht teuer, und jetzt ist das ganz bequem, geben wir der EU die Schuld und tun die weg – also ich denke, bei mir war das so."* In Zusammenhang mit der Vereinbarung einer einvernehmlichen Kündigung erfährt sie von der Arbeiterkammer die Adresse des Stiftungsmanagers in ihrem Bundesland und nimmt Kontakt mit ihm auf. Nach einer Informationsveranstaltung entschließt sie sich trotz anfänglicher Bedenken für die Teilnahme an der Stiftung, vor allem deswegen, weil für sie der Arbeitsmarkt nach den vielen Jahren in der gleichen Firma aus lauter „unbekannten Größen" besteht: *„Bis zum Beginn der Maßnahme habe ich mich kaum beworben, da war die Stiftung schon ein Halt, ich habe bis zum Kurs gewartet [1 Monat arbeitslos]. Also, ich habe ja keinen blassen Schimmer gehabt, wie man jetzt einen ordentlichen Lebenslauf* *schreibt, eine Bewerbung, und ich habe gehofft, daß man das in der Stiftung lernt, und darum habe ich gewartet und gar nichts unternommen. Ich muß ehrlich sagen, ich hätte mich auch nicht getraut, eine Bewerbung zu schreiben, die hinten und vorne nichts aussagt.“*

Herr B. ist gerade 22 Jahre alt, als er seine Arbeit in einer *„klassischen, flexiblen Speditionsfirma mit nur wenigen Angestellten, die alles macht, was daherkommt“* wegen eines Konkurses verliert. Herr B. hatte nach einer abgebrochenen HTL-Ausbildung den Beruf eines Speditionskaufmanns erlernt und sich in der Firma sehr wohl gefühlt. Im Jahr vor der Kündigung zeichneten sich die bevorstehenden Schwierigkeiten der Branche schon ab; von Bekannten aus der Branche hörte man bereits von geplanten oder schon durchgeführten Kündigungen und von den absehbaren Folgen des EU-Beitrittes. Auch aus diesem Grund begann Herr B. schon etwa ein halbes Jahr vor seiner Kündigung eine Ausbildung an einer HTL für Maschinenbau. Als er dann plötzlich von der Kündigung erfährt, „wackeln“ auch seine Ausbildungspläne: Er ist auf einen regelmäßigen Verdienst angewiesen. Durch seinen Vater erfährt er von der Stiftung. Nach der Kontaktaufnahme mit dem Stiftungsleiter und einer Informationsveranstaltung nutzt er die angebotene Chance sofort: *„Ich habe gesehen, daß ich dadurch die Möglichkeit habe, das, was ich mir vorgenommen habe [den HTL-Abschluß], zu machen* [...]. *Es war für mich wie eine zweite Chance, und wahrscheinlich bin ich jetzt deshalb so dahinter und lerne so extrem.“*

Frau C. ist seit ihrem Handelsschulabschluß beinahe 25 Jahre in der gleichen Firma beschäftigt. Die Hauptaufgabe des kleinen, dem öffentlichen Dienst zuzurechnenden Unternehmens besteht in der Verwaltung und Zuweisung von Exportstützungen für Lebensmittel. Mit dem EU-Beitritt fallen die Stützungen für Exporte in die EU weg, die Restaufgaben werden einer anderen Stelle in einem anderen Bundesland zugeteilt. Das Betriebsklima bezeichnet sie *„als Traum, richtig familiär – deswegen ist ja die ganze Auflösung umso schlimmer“.* Die MitarbeiterInnen wußten bereits ein Jahr von der bevorstehenden Schließung, lebten aber *„irgendwie in der Hoffnung, daß es doch noch weitergehen wird“.* Trotzdem hörten sie sich nach Alternativen um und erfuhren von der AK über die damals vor der Gründung stehende AUFLEB-Stiftung. Bei der Suche nach einem neuen Arbeitsplatz macht Frau C. die Erfahrung, daß sie *„keine Chancen auf einen Teil-*

zeitarbeitsplatz [sie hat einen Sohn]" hat – *„gedacht habe ich mir, daß das leicht gehen wird".* Aufgrund dieser Erfahrung rückt sie vom ursprünglichen Plan, einmal *„zwei, drei Monate daheimzubleiben, da hast du es ein bißchen lockerer, und dann schaust du, daß du schnell einen Job bekommst",* ab und entscheidet sich, in die Stiftung einzutreten, obwohl zunächst die Aussicht, *„für neun Wochen jeden Tag einen Kurs zu besuchen"* für sie eher abschreckend ist. Ein Gespräch mit dem regionalen Stiftungsmanager überzeugt sie jedoch von den Chancen der Stiftung. Für sich selbst bezeichnet sie mehrere Gründe als ausschlaggebend: erstens den verlängerten Berufsschutz in der Stiftung – sie kann nach ihren Vorstellungen selbst eine Arbeit suchen; zweitens die Möglichkeit, über das Praktikum eine Stelle *„probieren zu können und über die kostenlose Probezeit auch Pluspunkte bei der Bewerbung zu haben";* drittens den Umstand, im „Sicherheitsnetz" der Stiftung aufgefangen zu werden, falls das Praktikum zu keinem Dienstverhältnis führt.

Herr D., 26 Jahre alt, hatte bisher eher kurze, wenig stabile Beschäftigungsverhältnisse. *„Aus Blödheit",* wie er selbst im Rückblick bedauernd feststellt, hat er seine Schlosserlehre abgebrochen. Anschließend war er als Lagerarbeiter bei zwei verschiedenen Firmen und zuletzt im Nachtdienst als Staplerfahrer beziehungsweise Lagerarbeiter in einem milchverarbeitenden Betrieb tätig. Während eines Pflegeurlaubes wird er gekündigt, ein *„üblicher Vorgang"* in diesem Betrieb mit einem ob seiner Personalpolitik *„berühmt-berüchtigten Chef".* Noch während der Kündigungsfrist erfährt er durch einen Arbeitskollegen und durch die Gewerkschaft von der Möglichkeit der Stiftung. Vor allem die Notwendigkeit eines regelmäßigen Verdienstes in gewisser Höhe – er ist Alleinverdiener mit zwei Kindern – bewegt ihn zum Stiftungseintritt. Mit ausschlaggebend dafür sind auch seine schlechten Erfahrungen am Arbeitsmarkt: *„Ich habe viel in die Zeitung geschaut, aber da war nichts, außer Arbeiten, für die ich weniger verdient hätte als beim Milchhof, und das war aber nicht mehr drinnen."* Eine weitere Motivation für die Stiftungsteilnahme war die Überlegung, vielleicht doch noch die Lehre beenden zu können.

Herr E., 36 Jahre alt, ist gelernter Konditor. Er arbeitete nach der Lehre elf Jahre als Konditor in einer Firma, zuletzt als Bäcker in einem weiteren Unternehmen. Im Zuge des EU-Beitrittes werden in der Firma Gerüchte laut, daß der Hauptabnehmer künftig das Brot aus Deutschland beziehen werde. Herr E. beginnt, sich um eine neue Arbeit umzuschauen – nicht zuletzt deshalb, weil in *„seiner"* Firma immer wieder der Versuch unternommen wurde, die Facharbeiterlöhne massiv zu senken; die Firma beschäftigte sehr viele *„billige"* ausländische Arbeitskräfte. Da seine Arbeitssuche dem Chef *„zu Ohren"* kommt, wird Herr E. gekündigt. Durch die Arbeitslosigkeit und seine erfolglose Arbeitssuche – *„Die Angebote, die ich vom AMS und sonst gekriegt habe, waren unakzeptabel: 11.000 Schilling netto im Konditorgewerbe, 60–65 Stunden bei einem Bruttoverdienst von 14.000 Schilling. Oder es ist in den Annoncen gleich Jungkonditor dringestanden, das heißt, ‚erwarte dir nicht viel Lohn', und ich bin 36 und habe Wohnung und Familie"* – bekommt er familiäre und psychische Probleme. Vom AMS erhält er in dieser Zeit keinerlei Hinweise auf die Stiftung. Eine Zuschrift von der AUFLEB hat er, so glaubt er zumindest, damals schon bekommen, aber ungelesen in den Papierkorb geworfen, *„weil ich mir gedacht habe, das wird wieder so eine Bauernfängerei sein"*. Kurz vor *„dem Fall ins Bodenlose"* trifft er einen ebenfalls arbeitslos gewordenen ehemaligen Arbeitskollegen, der ihm von der AUFLEB erzählt und ihn ermuntert, sich zu erkundigen. Kurz darauf besucht er den BO-Kurs, zunächst noch, *„um mir das einmal anzuschauen, weil ich hatte nichts mehr zu verlieren. Der Hintergedanke war aber auch, vielleicht noch Koch dazu zu machen, vielleicht noch das Fach zu wechseln, ich war 35 Jahre – vielleicht ist das die letzte Chance, daß du dich ganz änderst, weil mit 40, 45 Jahren hat das dann wahrscheinlich keinen Sinn mehr."*

5.2 Persönliche Merkmale der TeilnehmerInnen

Zwischen den TeilnehmerInnen der AUFLEB und jenen der AUSPED gibt es recht deutliche, sowohl in der Spezifik der Arbeitsbedingungen als auch der Stiftungseintrittsvoraussetzungen liegende Unterschiede.[48] Im Nahrungs- und Genußmittelbereich sind Arbeitsplätze im Bereich der Produktion oft mit Schicht- beziehungsweise Nachtarbeit verbunden, aus dem Speditionsgewerbe ist die Stiftungsteilnahme nur Angestellten möglich (keine KraftfahrerInnen etc.).

48 Bezogen auf die Ergebnisse der Fragebogenerhebung, die beinahe dieselben Häufigkeiten bezüglich der Merkmale „Geschlecht", „Alter" und „Anteil nach Bundesländern" sowie der Gesamtheit der TeilnehmerInnen zum Berichtszeitpunkt (siehe Abschnitt 2.4) aufweisen. Ein darüber hinausgehender Vergleich ist aufgrund unterschiedlicher Datenerfassungen in den beiden Stiftungen nur mit großem Aufwand durchführbar.

Auffällig ist zunächst der insgesamt niedrige Frauenanteil insbesondere bei der AUFLEB mit knapp 29 %.[49] Inwieweit die Frauenanteile den Geschlechterverhältnissen der gekündigten Personen entsprechen, konnte wegen der fehlenden diesbezüglichen Daten nicht eruiert werden. In bezug auf die Unterschiede zwischen der Lebensmittel- und der Speditionsbranche ist allerdings anzunehmen, daß in der Lebensmittelproduktion durch die Art der Tätigkeit und die Arbeitszeiten (Nachtarbeitsverbot für Frauen) die klassischen „Männerberufe“ (Fleischerei, Molkerei, Bäckerei) bislang dominieren.

Die Altersgruppe der über 50jährigen ist mit etwas unter 20 % in beiden Branchenstiftungen etwa gleich stark vertreten[50] – nach Bundesländern gibt es bedeutsame Unterschiede, die unter Umständen auf gezielte Informations- und Rekrutierungsmechanismen auch in Zusammenhang mit arbeitsmarktpolitischen Prioritätensetzungen im Spannungsfeld zwischen Höherqualifikation und schneller Vermittlung schließen lassen (siehe Materialienband). Die bis 30jährigen haben in der AUSPED einen wesentlich höheren Anteil als in der AUFLEB.

Die AUSPED-TeilnehmerInnen haben wesentlich häufiger eine mittlere oder höhere Schule absolviert, die AUFLEB-StiftungsteilnehmerInnen hingegen häufiger nur die Pflichtschule. An die 60 % aller StiftungsteilnehmerInnen haben entweder einen Lehrabschluß oder eine Meisterprüfung gemacht.

Der insgesamt niedrige Frauenanteil läßt sich wie folgt erklären: Als Hindernis für die Stiftungsteilnahme wird von Frauen wesentlich öfter – neben den Betreuungspflichten – die Entfernung zwischen dem Wohnort und dem Kursort[51] genannt. In Verbindung mit den Verpflichtungen der Hausarbeit und der Betreuung sind Frauen weniger mobil und mehr auf den öffentlichen Verkehr angewiesen. Auf die Bedeutung der Erreichbarkeit lassen erhöhte Frauenanteile in manchen Bundes-

49 Dem steht im Jahresdurchschnitt 1995 ein Frauenanteil von 43 % an allen Beschäftigten gegenüber; siehe: Statistisches Handbuch der österreichischen Sozialversicherung 1996. Hrsg. vom Hauptverband der österreichischen Sozialversicherungsträger, Tab. 1.06.

50 Der diesbezügliche Anteil bei den NichtteilnehmerInnen liegt um 8 % höher und ist ein Ausdruck altersmäßig bedingter Lernschwellen sowie der Unsicherheit über den subjektiv zu erzielenden Nutzen angesichts der gegenwärtigen Arbeitsmarktlage (vgl. Materialienband).

51 Über ein Viertel der Nichtteilnehmerinnen nennt die schlechte Erreichbarkeit als Grund; nur die Bevorzugung eines schnellen neuen Dienstverhältnisses gegenüber einer Stiftungsteilnahme wird – auch als Ausdruck von materiellen Notwendigkeiten – häufiger erwähnt (42 %). Auch die Teilnehmerinnen nennen diesen Faktor häufiger als zunächst bestehendes Argument gegen die Stiftungsteilnahme.

ländern schließen, die vermehrt Maßnahmen vor Ort anbieten oder wo die Entfernungen aufgrund der räumlichen Strukturen keine so große Rolle spielen, wie zum Beispiel in Oberösterreich, der Steiermark, in Vorarlberg oder Wien (siehe Materialienband).

Persönliche Merkmale der StiftungsteilnehmerInnen

	AUFLEB		AUSPED		insgesamt	
Geschlecht						
männlich	430	71,0 %	275	57,8 %	705	65,2 %
weiblich	176	29,0 %	201	42,2 %	377	34,8 %
insgesamt	606	100,0 %	476	100,0 %	1082	100,0 %
Altersgruppen						
30 Jahre und darunter	136	22,6 %	200	42,5 %	336	31,3 %
31 bis 40 Jahre	184	30,6 %	112	23,8 %	296	27,6 %
41 bis 50 Jahre	173	28,7 %	83	17,6 %	256	23,9 %
51 Jahre und älter	109	18,1 %	76	16,1 %	185	17,2 %
insgesamt	602	100,0 %	471	100,0 %	1073	100,0 %
höchste abgeschlossene Ausbildung						
Pflichtschule	99	16,6 %	22	4,7 %	121	11,3 %
Lehre	307	51,6 %	277	58,6 %	584	54,7 %
Meisterprüfung	65	10,9 %	5	1,1 %	70	6,6 %
BMS	79	13,3 %	94	19,9 %	173	16,2 %
AHS/BHS	34	5,7 %	69	14,6 %	103	9,6 %
Universität/Akademie	11	1,8 %	6	1,3 %	17	1,6 %
insgesamt	595	100,0 %	473	100,0 %	1068	100,0 %

Schwierigkeiten, an der Stiftung teilzunehmen, bestehen vor allem für Frauen, die bis zur Kündigung halbtags gearbeitet haben oder durch die bisherigen Arbeitszeiten, zum Beispiel in einer Frühschicht, in der Lage waren, zusätzlich zum Beruf die Kinderbetreuung oder die Haushaltsführung zu bewältigen. Eine Ganztagesberufsorientierung stellt für diese Frauen ein großes Hindernis dar. Ein Ausweg könnte eine Halbtagesberufsorientierung, wie in Salzburg bislang einmal durchgeführt, sein: Die Kernaufgaben wurden bei diesem Modell in der Gruppe bearbeitet, andere konnten zeitlich variabel in eigenständiger Form bewältigt werden. Eine weitere Möglichkeit besteht im Anbieten einer Kinderbetreuung vor Ort während der Tagesarbeitszeit in der Berufsorientierung.

Weitere Gründe sehen betreuende BO-TrainerInnen in traditionellen Einstellungen *(„die Frau muß nicht unbedingt eine Ausbildung machen“, „sowohl eine Ausbildung als auch eine Arbeit ist nur machbar, wenn sie vor Ort ausgeübt werden kann“),* in Rollenzuschreibungen und im Einsatz von Frauen auf niedrigqualifizierten und schlecht entlohnten Arbeitsplätzen.

5.3 Die Berufsverläufe vor Eintritt in die Stiftung

Die Merkmale der Berufslaufbahnen vor dem Stiftungseintritt verdeutlichen die Schwierigkeiten, die sich für viele aus dem Verlust des Arbeitsplatzes ergeben. Knapp über die Hälfte der StiftungsteilnehmerInnen hatte bis zur Kündigung eine kontinuierliche Berufslaufbahn. Diese Personen sind seit ihrer Ausbildung entweder am gleichen Arbeitsplatz beschäftigt oder haben diesen erst einmal gewechselt.[52] Ein häufiger Arbeitsplatzwechsel (bislang sechs oder mehr Arbeitsplätze) liegt bei den wenigsten StiftungsteilnehmerInnen vor. Ein ebenso beträchtlicher Anteil – bei der AUFLEB fast 50 %, bei der AUSPED fast 30 % – war zum Zeitpunkt der Kündigung bereits über zehn Jahre, zum Teil 20 Jahre und mehr, am gleichen Arbeitsplatz.
Die AUFLEB-StiftungsteilnehmerInnen verteilen sich zu jeweils 30 % auf Hilfsarbeits- beziehungsweise angelernte Arbeitskräfte, auf FacharbeiterInnen und Angestellte, etwa 10 % waren ebenso wie bei den AUSPED-StiftungsteilnehmerInnen in Leitungspositionen tätig. Die AUSPED-StiftungsteilnehmerInnen waren bis auf wenige Ausnahmen in Angestelltenverhältnissen tätig. Fast 40 % der TeilnehmerInnen waren vor dem Stiftungseintritt entweder gar nicht oder weniger als einen Monat arbeitslos. Die AUFLEB-StiftungsteilnehmerInnen waren vor dem Stiftungsbeginn in einem höheren Ausmaß länger als einen Monat arbeitslos.
In der Zeit der Arbeitslosigkeit, aber auch schon während der Kündigungsfrist haben sich viele der TeilnehmerInnen meist erfolglos um eine neue Arbeit umgesehen. Als Strategien werden vor allem die Suche über die Zeitung und über persönliche Kontakte angegeben; das AMS wird von den TeilnehmerInnen diesbezüglich kaum genutzt. In diesem Zusammenhang berichten StiftungsteilnehmerInnen über die Einstellung von Stellenzuweisungen durch das AMS, sobald dem/r Berater/in eine Entscheidung für den Stiftungseintritt bekanntgegeben wurde (zum Teil auch, wenn bis zum Beginn der Berufsorientierung noch eine längere Wartezeit bevorstand).
Ungefähr ein Drittel aller TeilnehmerInnen hat – in Zusammenhang mit einem „reibungslosen" Übergang in die Stiftung – daneben kaum

52 Die Korrelation zwischen Arbeitsplatzwechsel und Alter zeigt, daß auch die „älteren" StiftungsteilnehmerInnen in ihrer beruflichen Laufbahn nur selten ihren Arbeitsplatz gewechselt haben. Sie entsprechen noch dem nunmehr immer weniger erreichbaren Modell einer Arbeitskarriere von der Ausbildung bis zur Pensionierung in einem oder wenigen Betrieb/en.

Aktivitäten in Hinsicht auf die Arbeitssuche gesetzt (bei den AUSPED-StiftungsteilnehmerInnen auch wegen nicht mehr nachgefragter Qualifikationen).

Diese Merkmale der beruflichen Verläufe vor der Stiftung erklären in Verbindung mit der fehlenden Aus- und Weiterbildungskultur in den Betrieben[53] die häufig anzutreffende Unsicherheit und Orientierungslosigkeit. Zusammengefaßt sind die Ursachen dafür:

- mangelhafte Kenntnisse über die geänderten Anforderungen am Arbeitsmarkt durch die langjährige stabile Berufskarriere;
- eine teilweise Überschätzung der eigenen Qualifikationen, die in spezifischen Sektoren und zum Teil in nicht mehr „marktgängiger" Art (EDV-Kenntnisse) ausgeübt wurden, was zu Irritationen bei fehlgeschlagenen Bewerbungen führt;
- wenig Wissen über zeitgemäße Bewerbungsmodalitäten und -strategien;
- wenig Einblick in allgemeine Ausbildungsmöglichkeiten und mangelhafte Kenntnisse über nachgefragte Berufsfelder und Weiterbildungsinstitutionen.

53 So sprechen die interviewten Personen in den seltensten Fällen von einer gezielten Weiterbildung in den Betrieben: Der notwendige Kenntniszuerwerb beziehungsweise Neuerungen wurden durch „learning on the job" bewältigt.

Berufliche Laufbahn der StiftungsteilnehmerInnen vor dem Eintritt

	AUFLEB		AUSPED		insgesamt	
Häufigkeit des Arbeitsplatzwechsels						
bis zu 2 Wechsel	221	48,7 %	221	58,0 %	442	52,9 %
3 bis 5 Wechsel	181	39,9 %	140	36,7 %	321	38,4 %
6 Wechsel und mehr	52	11,5 %	20	5,2 %	72	8,6 %
insgesamt	454	100,0 %	381	100,0 %	835	100,0 %
Dauer des letzten Dienstverhältnisses						
bis 1 Jahr	46	7,8 %	59	12,8 %	105	10,0 %
1 bis 5 Jahre	162	27,5 %	183	39,7 %	345	32,9 %
6 bis 10 Jahre	100	17,0 %	80	17,4 %	180	17,1 %
11 bis 15 Jahre	75	12,7 %	41	8,9 %	116	11,0 %
16 bis 20 Jahre	83	14,1 %	30	6,5 %	113	10,8 %
länger als 20 Jahre	123	20,9 %	68	14,8 %	191	18,2 %
insgesamt	589	100,0 %	461	100,0 %	1050	100,0 %
Art der Arbeit vor Eintritt						
Hilfsarbeit	83	14,0 %	3	0,6 %	86	8,1 %
angelernt	98	16,6 %	17	3,6 %	115	10,8 %
Facharbeit	176	29,8 %	9	1,9 %	185	17,4 %
angestellt	175	29,6 %	399	84,5 %	574	54,0 %
Leitung	59	10,0 %	44	9,3 %	103	9,7 %
insgesamt	591	100,0 %	472	100,0 %	1063	100,0 %
Arbeitslosigkeit vor Eintritt						
weniger als 1 Monat	183	31,1 %	185	51,4 %	368	38,8 %
1 bis 2 Monate	199	33,8 %	106	29,4 %	305	32,2 %
3 bis 4 Monate	93	15,8 %	37	10,3 %	130	13,7 %
5 bis 6 Monate	68	11,6 %	19	5,3 %	87	9,2 %
länger als 6 Monate	45	7,7 %	13	3,6 %	58	6,1 %
insgesamt	588	100,0 %	360	100,0 %	948	100,0 %
Arbeitssuche vor Stiftungseintritt (Mehrfachantworten)						
keine Arbeit gesucht	159	26,8 %	194	41,1 %	353	33,1 %
durch Zeitung	281	47,3 %	197	41,7 %	478	44,8 %
über das AMS	204	34,3 %	81	17,2 %	285	26,7 %
über persönliche Kontakte	304	51,2 %	184	39,0 %	488	45,8 %
insgesamt	594		472		1066	

Beurteilung der Gründe für den Arbeitsplatzverlust durch die TeilnehmerInnen

Mehrfachantworten	AUFLEB		AUSPED		insgesamt	
Betrieb wurde EU-bedingt geschlossen	142	24,0 %	107	22,6 %	249	23,4 %
Betrieb baute EU-bedingt Arbeitskräfte ab	195	32,9 %	358	75,7 %	553	51,9 %
persönliche Lebensumstände	50	8,4 %	16	3,4 %	66	6,2 %
Personalabbau, der nicht EU-bedingt war	97	16,4 %	49	10,4 %	146	13,7 %
Betrieb nutzte Gelegenheit, um „teure" Arbeitskräfte abzubauen	131	22,1 %	141	29,8 %	272	25,5 %
Betrieb nutzte Gelegenheit für einen Personalaustausch	69	11,7 %	71	15,0 %	140	13,1 %
Konkurs	146	24,7 %	23	4,9 %	169	15,9 %
sonstiges	70	11,8 %	18	3,8 %	88	8,3 %
insgesamt	492		473		1065	

Quelle, Zeitpunkt und Genauigkeit der Erstinformation

	AUFLEB		AUSPED		insgesamt	
Quelle der Erstinformation (Mehrfachantworten)						
Betriebsrat	274	45,6 %	116	24,5 %	390	36,3 %
AK/Gewerkschaft	102	17,0 %	40	8,4 %	142	13,2 %
Vorgesetzte	28	4,7 %	151	31,9 %	179	16,7 %
AMS	115	19,1 %	25	5,3 %	140	13,0 %
ArbeitskollegInnen	55	9,2 %	140	29,5 %	195	18,1 %
Stiftung	49	8,2 %	20	4,2 %	69	6,4 %
Freunde/Familie	24	4,0 %	21	4,4 %	45	4,2 %
Medien	31	5,2 %	31	6,5 %	62	5,8 %
andere Quellen	20	3,3 %	11	2,3 %	31	2,9 %
insgesamt	601		474		1075	
Zeitpunkt der Erstinformation						
2 Monate oder mehr vor Beendigung des Dienstverhältnisses	314	52,6 %	327	69,3 %	641	60,0 %
im Monat vor Beendigung des Dienstverhältnisses	95	15,9 %	105	22,2 %	200	18,7 %
im 1. Monat der Arbeitslosigkeit	71	11,9 %	26	5,5 %	97	9,1 %
im 2. bis 4. Monat der Arbeitslosigkeit	65	10,9 %	9	1,9 %	74	6,9 %
im 5. bis 6. Monat der Arbeitslosigkeit	23	3,9 %	3	0,6 %	26	2,4 %
nach 6 Monaten der Arbeitslosigkeit	29	4,9 %	2	0,4 %	31	2,9 %
insgesamt	597	100,0 %	472	100,0 %	1069	100,0 %
Genauigkeit der Erstinformation						
sehr genau/genau	190	32,0 %	71	15,1 %	261	24,5 %
mittel	269	45,4 %	222	47,1 %	491	46,1 %
ungenau/sehr ungenau	134	22,6 %	178	37,8 %	312	29,3 %
insgesamt	593	100,0 %	471	100,0 %	1064	100,0 %

Genauigkeit der Erstinformation nach Quellen

Mehrfachantworten	Genauigkeit der Erstinformation						insgesamt	
	sehr genau/ genau		mittel		ungenau/ sehr ungenau			
Betriebsrat	120	30,4 %	189	47,8 %	86	21,8 %	395	100,0 %
AK/Gewerkschaft	48	33,3 %	63	43,8 %	33	22,9 %	144	100,0 %
Vorgesetzte	29	16,2 %	80	44,7 %	70	39,1 %	179	100,0 %
AMS	43	29,9 %	61	42,4 %	40	27,8 %	144	100,0 %
ArbeitskollegInnen	27	13,8 %	97	49,7 %	71	36,4 %	195	100,0 %
Stiftung	36	52,2 %	24	34,8 %	9	13,0 %	69	100,0 %
Freunde/Familie	5	11,1 %	22	48,9 %	18	40,0 %	45	100,0 %
Medien	10	16,4 %	31	50,8 %	20	32,8 %	61	100,0 %
andere Quellen	12	38,7 %	9	29,0 %	10	32,3 %	31	100,0 %
insgesamt	265	24,4 %	501	46,2 %	319	29,4 %	1085	100,0 %

Für eine fundierte Entscheidung für oder gegen die Stiftungsteilnahme ist die Erstinformation oft nicht ausreichend. Probleme treten dann auf, wenn den potentiellen StiftungsteilnehmerInnen bei der Erstinformation – seien das nun Informationsveranstaltungen in den Betrieben oder durch das AMS beziehungsweise Einzelinformationen – nur das Antragsformular in die Hand gedrückt und keine AnsprechpartnerInnen genannt werden.

Falsche Erwartungshaltungen – die *„Stiftung als Überbrückungsmöglichkeit bis zur Pension“, „ich muß in die Stiftung gehen, sonst wird mir das ALG entzogen“, „es ist nicht viel zu tun, aber ich werde besser behandelt wie Normalarbeitslose“* – sind vor allem zu Beginn durch das Benutzen der Stiftung *„als Zuckerl für die Wirtschaft, besonders auch was die Rolle einvernehmlicher Kündigungen betrifft“* (Herr K., 55 Jahre, Personalchef eines Speditionsunternehmens) zustande gekommen. Zum Zweck einer verbesserten Information sind mittlerweile etliche regionale Kooperationspartner zu einem verpflichtend vorgesehenen Einzelgespräch nach der schriftlichen Anmeldung übergegangen.

Schwierig gestaltete sich das Einholen von vertiefenden Informationen auch bei jenen Personen, die auf informellen Wegen (Freunde, Bekannte, Medien) zur Erstinformation über das Stiftungsangebot gelangten und dann bei der zuständigen RGS genauere Auskünfte einholen wollten. Manche TeilnehmerInnen berichten davon, daß die BeraterInnen erst nach längerem *„Hin- und Hertelefonieren“* in der Lage waren, eine Ansprechperson in der Stiftung oder in der RGS selbst zu nennen. Zum Teil wurden sie von den BeraterInnen auch gebeten, sich eigenständig zu informieren und diese Informationen an die RGS weiterzugeben.

5.4 Gründe für den Stiftungseintritt

Was die Gründe für den Stiftungseintritt betrifft, standen vier Gesichtspunkte im Vordergrund:

- die Möglichkeit der Umschulung oder Höherqualifikation – hier spielten in den Interviews vor allem die Aspekte einer „letzten Chance zur beruflichen Neuorientierung mit einem etwas abgesicherten finanziellen Rahmen", des „Nachholens von Ausbildungsabschlüssen", der „Verwirklichung von (ursprünglichen) Wunschberufen" und der „Beseitigung von Ausbildungsdefiziten, die bei Bewerbungen sichtbar wurden", eine wichtige Rolle;
- die Chance, Informationen über berufliche Möglichkeiten zu erhalten und seine beruflichen Ziele und Strategien zu überprüfen;
- die Möglichkeit einer zufriedenstellenden beruflichen Entwicklung durch die Stiftung;
- das Interesse an Unterstützung beim Bemühen, schnell wieder Arbeit zu finden.

Gründe für den Stiftungseintritt

Mehrfachantworten	AUFLEB		AUSPED		insgesamt	
Hilfe, schnell Arbeit zur finden	386	64,9 %	313	66,3 %	699	65,5 %
Information über berufliche Möglichkeiten	409	68,7 %	340	72,0 %	749	70,2 %
Möglichkeit der Umschulung/Höherqualifizierung	475	79,8 %	387	82,0 %	862	80,8 %
Möglichkeit, länger ALG zu beziehen	123	20,7 %	113	23,9 %	236	22,1 %
Interesse für Inhalte der Stiftung	221	37,1 %	163	34,5 %	384	36,0 %
Überbrückung bis zur Pension	45	7,6 %	43	9,1 %	88	8,2 %
Alternative zur Betreuung durch das AMS	264	44,4 %	201	42,6 %	465	43,6 %
Möglichkeit zur beruflichen Entwicklung	406	68,2 %	334	70,8 %	740	69,4 %
Unterstützung bei einer Gründung	129	21,7 %	60	12,7 %	189	17,7 %
sonstige Gründe	24	4,0 %	17	3,6 %	41	3,8 %
insgesamt	595		472		1067	

Von Minderheiten werden hingegen auch eher passive Momente wie die „Möglichkeit einer Überbrückung bis zur Pension" oder die „Möglichkeit des längeren Bezuges von Arbeitslosengeld", die auf den Nutzen der Stiftung als *„kleineres Übel"* hinauslaufen, als wichtig eingestuft. In bezug auf die Bedeutung der „Möglichkeit, länger Arbeitslosengeld beziehen zu können", wird aus den Interviews ganz klar deutlich, daß das potentielle Übertreten vom Arbeitslosen- zum Notstandshilfebezug von vielen als weitere Verschärfung einer ohnehin schon vorhandenen Stigmatisierung verstanden wird.

Für die AUFLEB-TeilnehmerInnen liegen die Bedenken vor allem in den mit der Teilnahme verbundenen finanziellen Einschränkungen, in der Entfernung zwischen Wohn- und Kursort sowie in den unklaren Vorstellungen über den Ablauf und die Modalitäten der Stiftung. „Unklare Vorstellungen über die Stiftung selbst“ und „Unsicherheiten bezüglich des subjektiv zu erzielenden Nutzens“ werden von den AUSPED-TeilnehmerInnen am häufigsten angegeben; hierauf folgen „finanzielle Einschränkungen“, „negative Berichte über die Stiftung“, der „zeitliche Aufwand für die Stiftung“ sowie die „Bevorzugung einer schnellen Arbeitsaufnahme“, die Entfernung zwischen Kurs- und Wohnort sowie „Bedenken bezüglich der Lernanforderungen in der Stiftung“.

Die geäußerten Bedenken beziehen sich somit häufig auf Faktoren, die durch eine verbesserte Information leicht zu klären sein müßten und als organisatorische Rahmenbedingungen (Maßnahmen vor Ort, Zeitaufwand, finanzielle Unterstützung) verbessert werden können.

Argumente gegen den Stiftungseintritt

Mehrfachantworten	AUFLEB		AUSPED		insgesamt	
Unsicherheit über Nutzen der Stiftung	80	21,7 %	93	32,0 %	173	26,2 %
unklare Vorstellungen über die Stiftung	131	35,5 %	143	49,1 %	274	41,5 %
kein Interesse an BO/Umschulung	51	13,8 %	26	8,9 %	77	11,7 %
Bevorzugung schneller Arbeitsaufnahme	82	22,2 %	73	25,1 %	155	23,5 %
Entfernung zwischen Kurs- und Wohnort	132	35,8 %	62	21,3 %	194	29,4 %
zeitlicher Aufwand der Teilnahme	94	25,5 %	73	25,1 %	167	25,3 %
finanzielle Einschränkungen	135	36,6 %	91	31,3 %	226	34,2 %
Sicherheit, bald wieder Arbeit zu finden	64	17,3 %	55	18,9 %	119	18,0 %
Betreuungspflichten	50	13,6 %	57	19,6 %	107	16,2 %
Bedenken bezüglich der Lernanforderungen	74	20,1 %	62	21,3 %	136	20,6 %
negative Berichte über die Stiftung	59	16,0 %	82	28,2 %	141	21,4 %
sonstige Gründe	16	4,3 %	12	4,1 %	28	4,2 %
insgesamt	369		291		660	

6. Die Maßnahmen in der Stiftung

6.1 Die Maßnahmen im Überblick

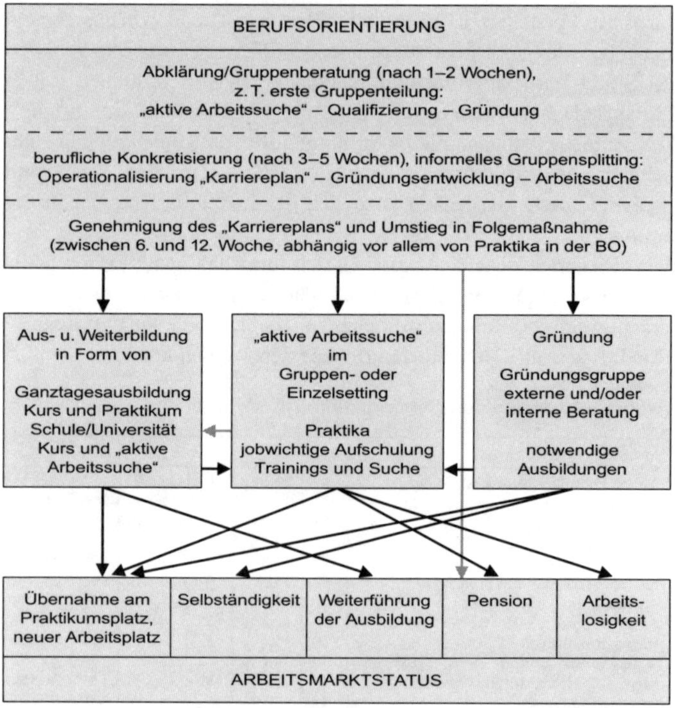

Die Basis für alle weiteren Maßnahmen in der Stiftung bildet der in der Berufsorientierung zu erarbeitende „Karriereplan". Die Berufsorientierung dauert, wie aus dem Schaubild ersichtlich wird, unterschiedlich lange und löst je nach Ansatz unterschiedliche Anforderungen ein. Bis auf wenige Ausnahmen, in denen bereits nach einer ersten kurzen Abklärungsphase eine Gruppenteilung in Richtung „aktive Arbeitssuche", Aus- und Weiterbildung beziehungsweise Gründung erfolgt, bleibt die Gruppe bis zur Genehmigung des „Karriereplans" zusammen, zum Teil wird eine Aufgabenteilung in informellen Kleingruppen praktiziert. Ein Wechsel der Zielrichtungen auch in späteren Phasen der Berufsorientierung wird dadurch leichter handhabbar. Ab dem Zeitpunkt der beruflichen Konkretisierung planen die einen ihre Aus-

bildungen im Detail (Ausbildungsform, -ort, Kosten, Zeitplan etc.) und überprüfen die Realisierbarkeit; die anderen, die schnell ohne zusätzliche Qualifikation auf den Arbeitsmarkt zurückkehren wollen, legen den Schwerpunkt bereits auf die Vorbereitung der „aktiven Arbeitssuche". Ein grundlegendes Bewerbungstraining absolvieren alle TeilnehmerInnen auch wegen der notwendigen Suche nach Praktikumsstellen bereits in der Berufsorientierung.
Im Anschluß an die Genehmigung des „Karriereplans" erfolgt der Umstieg in das gewählte Modul. Bei berufsbegleitenden Ausbildungen wird zumeist davon ausgegangen, daß im Anschluß an die Ausbildung eine Übernahme am Praktikumsplatz erfolgt. Eine Extrazeit für „aktive Arbeitssuche" ist daher nicht vorgesehen. Die „aktive Arbeitssuche" beinhaltet in manchen Ansätzen auch die Absolvierung von kurzen Ausbildungen, die sich während der Arbeitssuche als notwendig herausgestellt haben. Das Modul Gründung kann neben der Gründungsberatung ebenfalls notwendige Ausbildungen enthalten.
Am Ende der Stiftungszeit wird als Ziel ein neuer Arbeitsplatz, die Übernahme am Praktikumsplatz, die Weiterführung einer begonnenen Ausbildung oder die Aufnahme einer selbständigen Tätigkeit erwartet. Zum Teil allerdings folgt auch eine neuerliche Phase der Arbeitslosigkeit oder die Einleitung des Pensionsantragsverfahrens, vor allem wenn die persönlichen Voraussetzungen (gesundheitlicher Zustand, Beschränkungen der Berufsfähigkeit etc.) eine weitere Berufsausübung höchst unwahrscheinlich erscheinen lassen.

6.2 Die Berufsorientierung

Die Berufsorientierung ist nach übereinstimmender Meinung aller involvierten Personen das „Herzstück" der Stiftungen und die am meisten strukturierte und „ausgereifte" Maßnahme. Die einzelnen zielgerichteten Bausteine bis zur Genehmigung des „Karriereplans" sind im wesentlichen:

- Kennenlernen, Gruppenbildung und Aufarbeitung des persönlichen und beruflichen Werdegangs;
- Aufarbeitung des Themas „Arbeit": Informationsmöglichkeiten, Recherchen, Erstellung von Bewerbungsunterlagen;
- Erstorientierung: Arbeitssuche, Weiterbildung oder Gründung;
- Erstkonkretisierung beruflicher Ziele und Alternativen: Arbeitsmarktrecherchen, Realitätsüberprüfung, Praktikumsvorbereitung, Praktikum, Schnuppertage;

- Vorbereitung und Abstimmung des „Karriereplans“: Kurse, Finanzierung, Dauer etc.;
- Genehmigung des „Karriereplans“.

Diskutiert wird häufig die notwendige Dauer der Berufsorientierung für das Erreichen einer tragfähigen beruflichen Entscheidung. Bei den beiden Branchenstiftungen schwankt je nach Bundesland beziehungsweise regionalem Kooperationspartner die Dauer der Berufsorientierung zwischen vier und zwölf Wochen. In den längeren BO-Modellen sind zumeist Praktika unterschiedlicher Länge vorgesehen, in beinahe allen Modellen ergibt sich meistens nach der ersten Konkretisierung beruflicher Vorstellungen eine Gruppenteilung in Hinsicht auf ein Interesse an Aus- und Weiterbildungen oder auf eine möglichst schnelle Rückkehr auf den Arbeitsmarkt. Diese Personen entwickeln konkrete Suchstrategien und finden im Idealfall noch während der Berufsorientierung einen Arbeitsplatz.

Im Rahmen der beiden Branchenstiftungen wurde bislang eine Gruppenteilung nach ein bis zwei „Gruppenberatungs- oder Abklärungswochen“ eher selten praktiziert. Die vorgeschaltete Abklärung strebt für jene, die *„lernschwach sind beziehungsweise keine Qualifikationsvoraussetzungen mit sich bringen oder für die aus finanziellen Gründen keine Ausbildung möglich ist, für die Älteren, die sich keine Umschulung mehr antun wollen, und für jene AusländerInnen, die von der Sprache her keine Lernvoraussetzungen mit sich bringen“* (Trainer), eine Verkürzung der Berufsorientierung an, um ihnen gleich die Möglichkeit einer unterstützten Arbeitssuche anzubieten. Auffällig in diesem Zusammenhang ist, daß solche Vorabklärungen vor allem in Bundesländern mit höheren AusländerInnenanteilen stattgefunden haben. Das legt die Vermutung nahe, daß damit vor allem zeitaufwendigere Unterstützungen wie vorgeschaltete Sprachprogramme von vornherein nicht in Betracht kommen.

Wenn sich vor allem in ländlichen beziehungsweise abgelegenen Regionen zu wenige InteressentInnen finden, gibt es häufig Schwierigkeiten bei der Auffüllung und Organisation von BO-Maßnahmen für den Stiftungsträger oder lange Wartezeiten für die InteressentInnen. Abhilfe schaffen zum Teil Einzelberufsorientierungen. Diese erreichen zwar nach übereinstimmenden Aussagen von ManagerInnen und TrainerInnen keineswegs das durch die regelmäßige Gruppenarbeit erzielbare Orientierungsniveau, verkürzen aber die Wartezeiten. Vor allem wenn die InteressentInnen schon klare Vorstellungen bezüglich ihrer zukünftigen Berufs- und Ausbildungslaufbahn haben, wird diese

Variante bevorzugt. Prinzipiell ist die Absolvierung der Berufsorientierungsmaßnahme für alle TeilnehmerInnen der Stiftung vorgesehen, begründete individuelle Abweichungen werden aber im allgemeinen toleriert.

Gruppengröße und Dauer

Die zentralen Faktoren der Berufsorientierung wie Dauer, Gruppengröße und der Betreuungsschlüssel sind durch finanzielle Vorgaben und/oder durch die Zahl der Interessierten mitbedingt. Insgesamt ist in beiden Stiftungen ein etwa annähernd gleich großer Anteil von 5 % während der Berufsorientierung aus der Stiftung ausgetreten[54] (sehr häufig in Suben; vgl. Materialienband); etwa 10 % haben die Berufsorientierung entweder nur kurz[55] oder überhaupt nicht in der Gruppe, sondern in Form einer individuellen Absprache mit StiftungsmanagerInnen und/oder TrainerInnen absolviert. Als Gründe geben die TeilnehmerInnen größtenteils den Beginn beziehungsweise die Weiterführung von bereits vor dem Stiftungseintritt begonnenen Ausbildungen oder den vorzeitigen Antritt von Praktikums- oder Volontariatsstellen, seltener auch das nicht vorhandene Angebot einer Berufsorientierung in erreichbarer Entfernung an.

Weiters genannt werden vereinzelt das eigene Alter oder auch Krankheiten, welche die Fortsetzung der Berufsorientierung verhinderten. Ungefähr 80 % der TeilnehmerInnen gehören Gruppen von zehn bis 20 Personen an, was auch in etwa den Angaben der TrainerInnen zur idealen Gruppengröße entspricht.

Knapp zwei Drittel der TeilnehmerInnen geben eine BO-Dauer von fünf bis sieben Wochen an. Dieser Zeitrahmen wird von zunehmend mehr Kooperationspartnern präferiert. Vor allem in Steyr sowie in Salzburg finden sich überdurchschnittlich viele Maßnahmen in der Dauer von bis zu vier Wochen, in Tirol und Vorarlberg von acht oder mehr Wochen. Bezüglich der Anzahl der unterstützenden TrainerInnen nennen die TeilnehmerInnen zu 65 % zwei, zu 24 % eine/n und zu 10 % „drei und mehr".

Die Beurteilung der Gruppengröße fällt unterschiedlich aus. Ein Fünf-

54 Davon 77 % (37 Personen) wegen einer Arbeitsaufnahme; sonstige Gründe sind Pensionierungen, Krankheiten, Schwangerschaften und andere persönliche Gründe (Umzug, familiäre Verpflichtungen etc.).

55 Damit ist auch die Frage einer verpflichtenden Teilnahme an der Berufsorientierung angesprochen. Die befragten TrainerInnen sehen darin überwiegend Vorteile, allerdings plädieren sie auch für eine flexible Handhabung von begründeten Ausnahmen bei früherem Ausbildungsbeginn etc.

tel der TeilnehmerInnen gibt an, daß „eher zu viele“ Personen in der Gruppe waren (häufig in Steyr), für eine verschwindende Minderheit ist die Größe der Gruppe „eher zu klein“ (häufig in Niederösterreich), für über drei Viertel passend gewesen. Besonders nachteilig wirkt sich eine zu große Gruppe nach den Erfahrungen von TeilnehmerInnen bei einzelnen Inhalten und Programmpunkten in der Berufsorientierung aus, vor allem dann, wenn keine Gruppentrennung oder Kleingruppenarbeit erfolgt. *„Da haben wir das Berufsrad durchgenommen und geredet, warum du diesen Beruf gewählt hast oder nicht oder jene Ausbildung gemacht hast oder nicht und was so eigentlich dein Wunschberuf war. Und da haben dann alle 19 Leute geredet, und das ist drei Tage lang von neun Uhr am Morgen bis um vier Uhr nachmittags so gegangen: ich meine, irgendwann ist einmal genug.“* (Frau O., 28 Jahre, Lohnverrechnerin)
Ein weiterer Nachteil von großen Gruppen und einem zu kleinen Betreuungsschlüssel wird am Ende der Berufsorientierung sichtbar, wenn die TeilnehmerInnen für die endgültige Fixierung des „Karriereplans“ mehr Unterstützung und Ratschläge durch die TrainerInnen benötigen, diese den erforderlichen Mehraufwand aber kaum mehr bewältigen können:
„Wir waren so 26, 27 Leute in der Großgruppe, an und für sich zuerst mit drei Trainern, später haben wir dann zwei fixe gehabt, die halt jeden Tag da waren. [...] *Gegen Ende sind sie dann schon hektisch geworden und haben dementsprechend nicht jedem genug Zeit opfern können – also das war schon sehr begrenzt, ein paar Minuten mit dem, ein paar Minuten mit dem. Benachteiligt waren da vor allem die Älteren.“* (Frau P., 30 Jahre, Büroangestellte)
Nach persönlichen Merkmalen betrachtet finden vor allem Personen bis zu 40 Jahren, AbsolventInnen von höheren Schulen und Universitäten, Personen, die die Zielrichtung während der Berufsorientierung ändern, sowie Personen mit dem „Karriereplan Aus- und Weiterbildung“ beziehungsweise „Gründung“ ihre Gruppen als „eher zu groß“. Bei höheren eigenen Ansprüchen wird tendenziell jede/r zusätzliche Teilnehmer/in zum Konkurrenten um „knappe“ Zeit- und TrainerInnenressourcen.
Bezüglich der Dauer verteilt sich die Bewertung ausgeglichener auf die einzelnen Kategorien. Für beinahe 40 % war die Berufsorientierung „eher zu lang“ (vermehrt in Tirol und Vorarlberg), für 45 % „gerade richtig“, für immerhin 16 % „eher zu kurz“ (häufig in Suben, Steyr, Wien).

Form der Absolvierung und Rahmenbedingungen

	AUFLEB		AUSPED		insgesamt	
Wie wurde die BO besucht?						
BO wie vorgesehen abgeschlossen	459	76,8 %	383	82,4 %	842	79,2 %
gerade dabei, BO zu absolvieren	42	7,0 %	1	0,2 %	43	4,0 %
während BO aus Stiftung ausgetreten	28	4,7 %	22	4,7 %	50	4,7 %
in Stiftung, BO nur kurz/nicht besucht	54	9,0 %	47	10,1 %	101	9,5 %
BO noch nicht begonnen	15	2,5 %	2	0,4 %	17	1,6 %
unmittelbar nach BO-Abschluß ausgetreten			10	2,2 %	10	0,9 %
insgesamt	598	100,0 %	465	100,0 %	1063	100,0 %
Anzahl der Personen in der Gruppe						
weniger als 10 Personen	79	16,6 %	43	10,7 %	122	13,9 %
zwischen 10 und 15 Personen	246	51,6 %	211	52,5 %	457	52,0 %
zwischen 16 und 20 Personen	125	26,2 %	121	30,1 %	246	28,0 %
mehr als 21 Personen	27	5,7 %	27	6,7 %	54	6,1 %
insgesamt	477	100,0 %	402	100,0 %	879	100,0 %
Einschätzung der Gruppengröße						
eher zu groß	89	18,4 %	101	25,1 %	190	21,4 %
passend	384	79,3 %	300	74,4 %	684	77,1 %
eher zu klein	11	2,3 %	2	0,5 %	13	1,5 %
insgesamt	484	100,0 %	403	100,0 %	887	100,0 %
Dauer						
von 1 bis 4 Wochen	68	14,7 %	60	15,0 %	128	14,8 %
von 5 bis 7 Wochen	315	67,9 %	233	58,4 %	548	63,5 %
8 Wochen und länger	81	17,5 %	106	26,6 %	187	21,7 %
insgesamt	464	100,0 %	399	100,0 %	863	100,0 %
Einschätzung der Dauer						
eher zu lang	148	30,7 %	190	47,4 %	338	38,3 %
gerade richtig	246	51,0 %	159	39,7 %	405	45,9 %
eher zu kurz	88	18,3 %	52	13,0 %	140	15,9 %
insgesamt	482	100,0 %	401	100,0 %	883	100,0 %
Anzahl der TrainerInnen						
1 TrainerIn	133	27,8 %	81	20,1 %	214	24,3 %
2 TrainerInnen	294	61,4 %	282	70,0 %	576	65,3 %
3 und mehr TrainerInnen	52	10,9 %	40	9,9 %	92	10,4 %
insgesamt	479	100,0 %	403	100,0 %	882	100,0 %

Deutlich ist der Zusammenhang mit der tatsächlichen Dauer der Berufsorientierung: Jedem/r vierten Teilnehmer/in aus Maßnahmen mit bis zu vier Wochen Dauer ist die Berufsorientierung „eher zu kurz", jeder/m Dritten „eher zu lang"; bei über achtwöchigen Berufsorientierungen findet nur mehr jede/r zehnte Teilnehmer/in die Phase „eher zu kurz", aber fast jede zweite Person „eher zu lang". Weiters zeigt sich mit zunehmender Anzahl der TrainerInnen ein deutliches Sinken des Anteils jener, denen die Berufsorientierung „eher zu kurz" ist. *„Es ist* *sicher schwer, daß man da neun Wochen lang immer ein Thema hat und so einen Kurs möglichst interessant und zielführend aufbaut – das hat er [ein Besuch „aus Wien von der AUFLEB"] auch selber gesagt: Sie lernen selber noch genauso, weil das halt noch viel Neuland ist. Sonst ist es ganz ordentlich gelaufen, aber die letzte Zeit hat man schon das Gefühl gehabt, daß der Stoff irgenwie gefehlt hat."* (Herr Q., 51 Jahre, Molker und Käser)

Nach persönlichen Merkmalen betrachtet behaupten vor allem Personen mit Pflichtschul- oder Lehrabschluß, über 50jährige, Personen mit unklaren beruflichen Zielvorstellungen zu Beginn der Berufsorientierung und solche, die im Verlauf der Berufsorientierung die Zielrichtung ändern, daß ihnen die Berufsorientierung „eher zu kurz" war. Darauf weisen auch zahlreiche dem folgenden Beispiel ähnliche Äußerungen von TeilnehmerInnen hin: *„Sechs Wochen finde ich für die meisten schon zu kurz – vor allem wenn man mehrere Schienen aufgebaut hat. Und manchen ist es dann passiert, daß alle Möglichkeiten zunichte gemacht wurden, durch die Arbeitsmarktsituation, durch verschiedenste Gründe. Und auf einmal sind sie dann wieder wie am Anfang dagestanden und haben sich dann schnell entscheiden müssen – in ein paar Tagen so eine Entscheidung zu treffen ist auch so eine Sache."* (Herr B., 22 Jahre, Speditionskaufmann)

Diese Ergebnisse der Beurteilung der BO-Dauer zeigen die Notwendigkeit, die Probleme unterschiedlicher Personen und -gruppen für die Diskussion der „richtigen Dauer" zu berücksichtigen und diese Diskussion weniger unter finanziellen Aspekten zu führen. In diese Debatte fließen bislang auch ideologische, methodisch-pädagogische Argumente ein, die davon ausgehen, daß es keinen Sinn mache, wenn die TeilnehmerInnen *„zu lange in ihrem eigenen Saft brodeln"* oder *„zu therapeutisch"* (Manager) betreut werden. Abgesehen davon, daß diese Gefahr weniger auf die Länge der Berufsorientierung, sondern mehr auf Inhalte und Programme zurückzuführen ist, verkennen solche Argumente vor allem die Motivation der TeilnehmerInnen, die zum überwiegenden Teil selbst auf *„rasche Ergebnisse"* und zielgerichtetes Arbeiten hinausläuft, wofür folgende Aussage ein Beispiel bietet: *„Eigentlich waren alle ziemlich fleißig. Also der Wille zum Arbeiten war sicher bei jedem einzelnen vorhanden. Man ist ja nicht gekündigt worden, weil man zu faul war oder weil man nicht arbeiten will, sondern weil die Situation so war. Man hat schon gesehen, daß jeder unbedingt einen Job will."* (Herr S., 29 Jahre, Zolldeklarant)

Für jene Personen, denen die Berufsorientierung zu lange vorkommt und die im Sinne der „Vollauslastung“ in der Berufsorientierung verbleiben müssen, stellt sich die Frage, inwieweit ihrem Wunsch nach mehr „neuen“ Inhalten und gezielterer Beschäftigung entsprochen werden kann. Erste Versuche in diese Richtung sind vor allem zusätzliche Ausbildungen im Bereich der EDV; vorstellbar ist aber auch die (selbständige) Organisation oder der individuelle Zukauf von bedarfsgerechten Angeboten etwa im Bereich von Schlüsselqualifikationen.

Inhalte und Stationen

Im folgenden wird eine Analyse der Stationen in der Berufsorientierung anhand der von den TeilnehmerInnen als besonders zielführend erwähnten Inhalte beziehungsweise der eher kritisierten oder (zunächst) weniger als sinnvoll betrachteten Programmpunkte vorgenommen.

Gruppenbildung und Information über Möglichkeiten in der Stiftung

Für die überwiegende Zahl der TeilnehmerInnen tut sich mit Beginn der Berufsorientierung eine beinahe *„völlig fremde Welt“* auf, wie folgende exemplarische Beschreibung zeigt: *„Da waren wir in dem Kurs, alles war ein bißchen ungewohnt, wir haben das ja nie tun müssen, in einer Gruppe sprechen, das gegenseitige Vorstellen und so. Wir waren eine ganz gemischte Gruppe, vom ganz normalen Lagerarbeiter bis zum Geschäftsführer, Ausländer waren auch dabei, das war eigentlich ganz interessant.* [...] *Ja, und sie haben uns gesagt, um was es in der Berufsorientierung geht – es läuft halt darauf hinaus, daß sie uns Unterstützung geben, um möglichst schnell wieder oder überhaupt eine Arbeit zu finden, sei es jetzt durch eine Weiterbildung, die vielen gefehlt hat, sei es durch das gezielte Lernen von Bewerbungen, mündlich und schriftlich.* (Frau C., 40 Jahre, Büroangestellte) Selten berichten TeilnehmerInnen davon, daß sie sich persönlich während des gesamten Kurses kaum mit der neuen Situation in der Berufsorientierung anfreunden konnten, auch wenn sie im allgemeinen das Programm und die TrainerInnen für gut befanden: *„Also der Trainer war super, das Programm war in Ordnung, man kann sagen aufschlußreich, nur ich persönlich habe mich nie so richtig wohlgefühlt, das Sitzen und das alles, wie in der Schule, also das war für mich nichts, ich brauche was zu arbeiten.“* (Herr F., 53 Jahre, angelernter Käser und Molker)

Vielleicht typisch für die anfänglichen Irritationen ist die folgende Schilderung von Herrn J. Er verweist auf zentrale Punkte in der Berufsorientierung, nämlich auf die Nachvollziehbarkeit von Arbeitsschritten und Übungen für die TeilnehmerInnen[56] und die Freiwilligkeit des Mitmachens gewisser Übungen[57]: *„Also, wir haben uns alle vorgestellt, das Persönliche, Frau, Kinder, was man machen will, ums Finanzielle ist es gegangen, wer sich was leisten kann.* [...] *Naja, am Anfang hat keiner aus sich rauswollen, wir waren Müller, von der Molkerei, ein paar Fleischhacker waren dabei, und alle waren ewig in ihrem Beruf, und da war alles neu.* [...] *Sie [die Trainer] haben geschaut, daß das Ganze nicht einschläft, auch gesagt, wer nicht will, der kann sagen, er redet nichts, es ist keine Pflicht. Manche haben gleich geglaubt, wenn man da nichts sagt, fliegt man raus aus der Stiftung.* [...] *Also, es hat mich eigentlich alles interessiert, auch wenn es über die anderen gegangen ist, weil man lernt dabei auch für sich selber.“* (Herr J., 45 Jahre, Müller)

Die von den TeilnehmerInnen geäußerte Kritik bezieht sich meistens auf einzelne Gestaltungselemente, mit denen die TeilnehmerInnen wenig „anfangen“ können oder die zu Verunsicherungen und Verstörungen führen. Es handelt sich dabei vor allem um einzelne gruppendynamische Elemente wie „Kennenlern- und Rollenspiele“, „In-die-Augen-Schauen“, „Berühren und Herumführen“, „Malen“, „Collagen- und Plakatemachen“. In Verbindung damit erwähnen die Befragten vereinzelt auch einen *„schulmeisterlichen Umgangston“*, zu tiefgehende oder zu weit entfernte inhaltliche Anforderungen und Fragen wie *„Was wollten Sie als Achtjähriger machen?“*, das *„symbolische Zerreißen oder Verbrennen der Vergangenheit“*, das *„Durchnehmen von Ich, Es und Über-Ich“*, deren Sinn und Zweck bis zum Schluß verborgen blieb. Exemplarisch dafür steht folgende Aussage: *„Aber die verschiedenen Ichs, das Kindheits-Ich, das Eltern-Ich, das Erwachsenen-Ich – da haben wir nichts anfangen können damit: Wenn ich heute ausraste, ist es mir eigentlich Wurst, welches Ich das ist – das sind so Sachen, die mit der Berufsorientierung nicht soviel zu tun haben.“* (Frau A., 53 Jahre, Buchhalterin)

Kritik an gewissen Übungen taucht immer dann auf, wenn deren Aufbau und Zweckmäßigkeit für die Berufsorientierung, zum Beispiel durch eine präzise Voraberklärung oder Nachbereitung, nicht klar

56 Die Mehrzahl der TrainerInnen setzt auf Transparenz von Methoden und Zielen, Aufklärung und Diskussion.

57 Die TrainerInnen weisen darauf hin, daß die frühzeitige Thematisierung des Wiederausstiegs als mögliche Variante für enttäuschte TeilnehmerInnen auch geeignet sei, Ängste und Zwänge abzubauen.

gemacht werden. Am Beispiel des „Plakatemachens“ läßt sich die unterschiedliche Akzeptanz in Verbindung mit der Einordnung in den Gesamtprozeß zeigen: *„Wir haben so Plakate machen müssen, aus Zeitungen Sachen ausschneiden, wo ich mir sage, das ist kindisch, so zur Selbstdarstellung, oder wir haben so Manderln bauen müssen, da haben wir uns zu Gruppen zusammenschließen und über ein Thema dann irgendwas bauen müssen, aus Zeitungen und Pappe – das waren so Sachen, wo wir wirklich gelacht haben und nicht viel damit haben anfangen können.“* (Frau U., 25 Jahre, Bürokauffrau)

Die positiven Zuschreibungen überwiegen jedoch bei weitem die geäußerte negative Kritik.[58] Sie unterteilen sich in Aspekte der psychischen Entlastung, der Stärkung des Selbstvertrauens und des Erwerbs von Entscheidungsgrundlagen für die weitere berufliche Zukunft. In Hinsicht auf die psychische Entlastung kommt vor allem der Anfangsphase in der Stiftung und dem gegenseitigen Kennenlernen beziehungsweise der Aufarbeitung der beruflichen Schicksale und der beruflichen Erwartungen und Hoffnungen entscheidende Bedeutung zu. Bis auf wenige Ausnahmen berichten alle von der wichtigen Erfahrung des Abbaus des Arbeitslosenschocks unter Leidensgenossen, von der neu gewonnenen Sicherheit und dem Halt durch die Stiftung sowie dem Gewinn neuer Motivation und Energien. *„Also am Anfang war es auch wichtig, daß die Leute, die fix und fertig waren, neu motiviert wurden, daß ihnen irgendwie die Existenzangst genommen und ein Halt gegeben wurde. Und viele haben sich auch gefestigt in diesen Wochen. Die Leute haben wieder einen Biß bekommen und gesagt: Das war es nicht, hauen wir uns hinein, fangen wir was Neues an.“* (Herr V., 35 Jahre, Speditionsangestellter)

Als Entscheidungshilfen für den weiteren beruflichen Weg beziehungsweise den Fahrplan durch die Stiftung kommt in der Anfangsphase der Berufsorientierung der ausreichenden Information über die verschiedenen Stiftungsmodule eine bedeutsame Rolle zu: Sie legt eine erste Spur für berufliche Entscheidungen und ist bezüglich der einzelnen Module, aber auch innerhalb der regionalen Kooperationspartner durchaus unterschiedlich.[59]

58 Das zeigt sich auch daran, daß die TeilnehmerInnen bei den offenen Fragen weit mehr als doppelt so viele positive wie negative Effekte angeben.

59 Die Standortunterschiede können durchaus auch mit den jeweiligen Prioritätensetzungen in bezug auf Weiterbildung, schnelle Vermittlung und Gründungen in Zusammenhang gebracht werden, erlauben aber unter Umständen auch Rückschlüsse auf die fachliche Kompetenz der TrainerInnen bezüglich der einzelnen Module, damit auf die Fähigkeit zur Information darüber.

Am genauesten informiert werden die TeilnehmerInnen über die Möglichkeit der Aus- und Weiterbildung. Der diesbezügliche Anteil liegt in Niederösterreich, Suben und Salzburg deutlich unter dem Schnitt; in Niederösterreich und Salzburg geben überdurchschnittlich viele TeilnehmerInnen an, daß sie sehr ungenügend über Ausbildungsmöglichkeiten informiert wurden. Die Informationen über „aktive Arbeitssuche“ werden beinahe in ebenso hohem Ausmaß wie die hinsichtlich der Aus- und Weiterbildung als gut (überdurchschnittlich wenig gute Informationen in Steyr) beziehungsweise als gering bewertet (überdurchschnittlich viele in Salzburg).
Defizite werden vor allem bei der Information im Bereich „Gründung“ zu Beginn der Berufsorientierung sichtbar. Nur weniger als ein Drittel bezeichnet insgesamt die diesbezügliche Information als gut (überdurchschnittlich wenige in Niederösterreich, Suben und Tirol), ebenfalls ein knappes Drittel aber als schlecht (mit überdurchschnittlichen Anteilen in Salzburg, Tirol, und Wien).
Häufig gute Bewertungen der Information über alle drei Module finden sich in den Bundesländern Steiermark und Vorarlberg (vgl. Materialienband).

Informationsgenauigkeit über die „Bausteine“ der Stiftung

	AUFLEB		AUSPED		insgesamt	
Ausbildung						
groß	330	72,4 %	214	54,0 %	544	63,8 %
mittel	104	22,8 %	139	35,1 %	243	28,5 %
gering	22	4,8 %	43	10,9 %	65	7,6 %
insgesamt	456	100,0 %	396	100,0 %	852	100,0 %
„aktive Arbeitssuche“						
groß	268	61,9 %	207	53,4 %	475	57,9 %
mittel	136	31,4 %	140	36,1 %	276	33,6 %
gering	29	6,7 %	41	10,6 %	70	8,5 %
insgesamt	433	100,0 %	388	100,0 %	821	100,0 %
Gründung						
groß	145	39,7 %	66	18,4 %	211	29,2 %
mittel	141	38,6 %	149	41,6 %	290	40,1 %
gering	79	21,6 %	143	39,9 %	222	30,7 %
insgesamt	365	100,0 %	358	100,0 %	723	100,0 %

Erste Orientierungen: Stärken/Schwächen, Interessen/Fähigkeiten

Mit der oben angesprochenen psychischen Entlastung geht nach den Erfahrungen der TeilnehmerInnen eine Aufwertung des Selbstvertrauens und des Selbstwertgefühls einher, die einen ganz wichtigen Faktor für die berufliche Neuorientierung darstellt. Dazu dienen im einzelnen vor allem die (Wieder-)Entdeckung von Stärken im Rahmen der Gruppenarbeit (Reden beziehungsweise Präsentationen vor der Gruppe, Fremdbilder-Selbstbild-Reflexionen, Motivation und Aktivierung in der Gruppe, Aufgabenübernahme und -erfüllung) oder gewisse Tests und Übungen (Stärken-Schwächen-Bestimmung, Interessen- und Fähigkeitstests, Erarbeitung von Berufsprofilen). Dabei wird die Möglichkeit der Eigenauswertung von Tests in den Nachbesprechungen der Gruppe des öfteren positiv erwähnt, weil dadurch die Angst vor einer Bloßstellung wegfalle; positiv hervorgehoben werden auch die kritische Hinterfragung und Diskussion von Stärken und Schwächen in der Gruppe und die Motivationsleistung, die durch TrainerInnen und Gruppe geleistet wird: *Du hast dir selbst überlegt, was deine Vor- und Nachteile sind, und dann kommt das Feedback von der Gruppe* [...]. *Du bist im Kurs praktisch auf das hingeführt worden, was in dir steckt, deine Hobbys und Interessen.* [...] *Das sollte jeder machen, aber meistens denkst du erst nach, wenn du wirklich am Boden liegst. Durch den Kurs hast du praktisch ein Schema gekriegt: ‚Wie gehe ich vor?' Und dieses Schema ist unbezahlbar."* (Herr B., 22 Jahre, Speditionskaufmann)

Ein ergänzender Faktor zu den diversen Tests, Rollenspielen, Diskussionen etc. in bezug auf die Motivationssteigerung liegt nach den Aussagen von TeilnehmerInnen in der Erstkonfrontation mit Computer und EDV.[60] Die erfolgreiche Auseinandersetzung mit diesen neuen Anforderungen kann dazu beitragen, die Angst vor Neuem und gewisse Lernschwellen zu überwinden.

Ebenso von Bedeutung ist die Gruppenarbeit in Hinsicht auf den Gewinn von Entscheidungsgrundlagen für die weitere berufliche Zukunft. Durch die vielfältigen Erfahrungen in der Gruppe wird eine relativ schnelle berufs- und ausbildungsbezogene Horizonterweiterung für die einzelnen TeilnehmerInnen möglich. Der Austausch über die Erfahrungen am Arbeitsmarkt und in den bisherigen Berufsfeldern, bei der Arbeitssuche, bei der Klärung von Ausbildungswegen oder über „nachgefragtere und weniger nachgefragte Berufe" wird als wichtige Unterstützung für die eigene Orientierung bezeichnet.

Ein wichtiger Faktor ist die Entwicklung, Bestätigung und Überprü-

60 Das bezieht sich auf die bei manchen Kooperationspartnern fix eingeplante EDV-Grundeinschulung in der BO (z. B. an einem Nachmittag pro Woche). Ursprünglich war damit beabsichtigt, die TeilnehmerInnen zur eigenständigen Erstellung von Bewerbungsunterlagen am Computer zu befähigen.

fung von beruflichen Eignungen und Perspektiven mittels verschiedenster Tests und Analysen. Diese zielen zunächst darauf ab, das Spektrum beruflicher Möglichkeiten zu erweitern. In den darauffolgenden Arbeitsschritten wird ihre Realisierbarkeit in bezug auf Arbeitsmarkt, Ausbildungsvoraussetzungen, familiäre und finanzielle Bedingungen u. ä. m. überprüft. *„Da ist auch auf die Familie geschaut worden, auf das Umfeld, warum man eigentlich seinen früheren Beruf gewählt hat, und dann haben wir einen Finanzplan erstellen müssen. Da ist abgeklärt worden, ob man sich das überhaupt leisten kann oder ob man unbedingt einen besser bezahlten Job annehmen muß."* (Frau I., 41 Jahre, Bürokraft)
Die Erarbeitung von mehreren Alternativen wird vom Großteil der TeilnehmerInnen als notwendig und sinnvoll eingestuft. Einige wenige TeilnehmerInnen fordern aber auch frühzeitige Hinweise auf einschränkende Rahmenbedingungen (Budget, Zeit, Ausbildungsvoraussetzungen), damit es nicht später zu Frustrationen kommt, falls die gewählten Ausbildungsziele an eben diesen Rahmenbedingungen *„wie Luftballons zerplatzen"* sollten.[61]

Konkretisierungen: Arbeitsmarkt- und Ausbildungsrecherchen

Im Anschluß an die erste Orientierung wird die Realisierbarkeit und Umsetzung der ins Auge gefaßten Zielrichtungen abgefragt.[62] Ein erster Weg ist das Kennenlernen und Kontaktieren unterschiedlichster Informationsstellen, die Auskünfte über Berufsbilder, Qualifikationsanforderungen und Ausbildungsmöglichkeiten (wobei besonders das in der Region verfügbare Angebot eine Rolle spielt) liefern. Die meisten Befragten geben an, durch bislang nicht bekannte Informationsstellen Hinweise bekommen zu haben, die sie sonst – bedingt durch ihre zumeist langjährige Berufstätigkeit, während der sie kaum die Notwendigkeit sahen, über das *„eigene Tätigkeitsfeld hinauszuschauen"* beziehungsweise von ihren Arbeitgebern auch kaum dazu angehalten wurden (ganz im Gegenteil sei individuelle Weiterbildung eher als Störfaktor für die Verfügbarkeit und zeitliche Einsetzbarkeit gesehen worden) – nie erhalten hätten.
Ein weiterer ganz wichtiger Schritt besteht in der Abklärung der

61 Die überwiegende Mehrheit der befragten TrainerInnen plädiert trotzdem für die Erarbeitung mehrerer beruflicher Perspektiven in der Orientierungsphase.

62 Besonders hier wird das Prinzip der „Selbstorganisation" deutlich, weil diese Schritte zum Großteil selbstverantwortlich durchgeführt werden – die TrainerInnen sind eher für Ratschläge, Tips und Unterstützungen im kleineren Ausmaß zuständig.

Arbeitsmarktchancen in den vorgesehenen Berufen. Diesbezüglich werden die verschiedensten Vorgangsweisen praktiziert: Sie reichen von institutionalisierten Kontakten zu VertreterInnen der RGS oder der Wirtschaft bereits während der Berufsorientierung[63] über Arbeitsmarktanalysen und Betriebskontakte bis hin zur Absolvierung von Schnupperpraktika.

Den persönlichen Erfahrungen über die verschiedensten Formen der betrieblichen Kontakte[64] wird für die endgültige Fixierung des „Karriereplans" sowohl von den TeilnehmerInnen als auch von den TrainerInnen sehr große Bedeutung zugemessen – die Konfrontation mit den Anforderungen in der Praxis des Arbeitsplatzes und in Hinsicht auf die notwendigen Ausbildungen sowie mit den voraussichtlichen Bedingungen im gewählten Berufsfeld (Entlohnung, Arbeitszeiten, Aufnahmefähigkeit der Bereiche) bewirke häufig noch eine Änderung der ursprünglichen Zielrichtung. Der Kontaktaufnahme mit den Betrieben wird aber neben dem persönlichen Erfahrungsgewinn in Hinsicht auf den „Karriereplan" auch eine zusätzliche *„Umwegrentabilität"* zugeschrieben: Es können sich dadurch nicht nur Praktikums- oder Arbeitsplätze für die kontaktierenden Personen, sondern auch für andere BO-KollegInnen (im Sinne einer Praktikums- beziehungsweise Jobbörse abseits der offiziellen Stellenlisten der RGS) ergeben. In bezug auf die Schnupperpraktika allerdings gibt es auch Kritik seitens der TeilnehmerInnen, insbesondere wenn diese während der Berufsorientierung verpflichtend vorgesehen sind: Teils *„spielen die Firmen da nicht mit, weil für sie so etwas eher eine Belastung ist"*, teils ergäben sich wenig Einblicke in das zukünftige Berufsfeld, wenn sich die Firmen wenig Zeit für einführende Information, Betreuung und Hilfestellung nehmen. Einige TeilnehmerInnen fühlten sich auch beim Akquirieren der Schnupperpraktika (wie später auch beim Finden von Praktikumsplätzen für eine berufsbegleitende Ausbildung) überfordert und wollten mehr Hilfestellung durch die TrainerInnen.

63 In manchen Bundesländern sind RGS-VertreterInnen in periodischen Abständen in der BO anwesend. Sie liefern vor allem einen Input über den regionalen Arbeitsmarkt und über offene Stellen. Die Stellenlisten werden dabei von den TeilnehmerInnen durchwegs als überholt bezeichnet, der Überblick über den regionalen Arbeitsmarkt wird zumeist aber eher geschätzt.

64 Ein Trainer berichtet von der erfolgreichen Methode des „Zeitungmachens": TeilnehmerInnen bekommen die Aufgabe gestellt, in mindestens drei Betrieben der Region Interviews über Arbeitsmöglichkeiten, Arbeitskräftebedarf, zukünftige Entwicklungen etc. durchzuführen. Diese Rahmensetzung erleichtert die Kontaktaufnahme zu den Betrieben.

Bewerbungstraining: Fähigkeit zur Selbstvermarktung

Das Bewerbungstraining im Verlauf der Berufsorientierung schafft die Voraussetzungen für die notwendigen Betriebskontakte. Bei vielen TeilnehmerInnen sind seit der letzten Bewerbung Jahre oder Jahrzehnte vergangen, und manche berichten, daß es für sie noch nie notwendig war, sich zu bewerben; dementsprechend positiv fällt auch die Bewertung des Bewerbungstrainings aus.[65] Das Kennenlernen von Richtlinien für die Erstellung von Lebenslauf und Bewerbungsschreiben, Tips und Tricks, das Üben von Aufnahmetests und Vorstellungsgesprächen[66] und der Zugang zum verdeckten Arbeitsmarkt sind für viele absolutes Neuland und bleiben daher stark in ihrem Gedächtnis verankert. Gleichzeitig steigert das Bewerbungstraining oft auch die Selbstsicherheit bei der „Selbstvermarktung". Neben der Erstellung zeitgemäßer Bewerbungsunterlagen trainieren die TeilnehmerInnen vor allem praktische Gegebenheiten der Bewerbungssituation. Beispielsweise geht es darum, den heutigen Standard der Personalauswahl kennenzulernen: *„Man hat einmal gelernt, sich besser auszudrücken, und dann hat man so spezielle Einstellungstests gemacht* [...]. *Wenn man heute sieht, mit welchen Raffinessen da gearbeitet wird, und daß sich auf einen Arbeitsplatz 30, 40, 50 Leute stürzen, dann muß ich irgendwo eine Auslese treffen, das ist mir schon klar. Und dann ist es gut, wenn wir das hier üben, wenn man die Tests so vor sich liegen hat."* (Herr Q., 51 Jahre, Molker und Käser)

Aus Sicht der TeilnehmerInnen sind besonders die Vorbereitung und das Üben von Auswahlgesprächen wichtig, wobei ein Schwerpunkt auf die Beantwortung von „unangenehmen" beziehungsweise „heiklen" Fragen gelegt wird: *„Wir haben da zum Beispiel einen jungen Mann in der Gruppe gehabt, der wegen einer blöden Geschichte entlassen worden ist* [...], *und die [Trainerinnen] haben das dann so hingebogen, daß das nicht mehr so passiv geklungen hat. Im Prinzip ist es auf das gleiche hinausgelaufen, aber es hat einfach nicht so negativ geklungen."* (Frau A., 28 Jahre, Buchhalterin)

Eine aktive Rolle im Bewerbungsgespräch beziehungsweise bei den Erkundigungen nach dem Ergebnis von Ausleseverfahren einzunehmen kann Teil einer „guten" Selbstpräsentation sein und wird dement-

65 Bei der Nennung der wichtigsten Elemente der BO wird das Bewerbungstraining auch am häufigsten angeführt.

66 Diese Methoden bieten aus Sicht der TrainerInnen (zum Teil auch der TeilnehmerInnen) auch die hervorragende Möglichkeit *„lustvoller"* Lernprozesse und einer gewissen Auflockerung.

sprechend geübt: „[...] *was du alles selbst zu fragen hast, daß du auf gewisse Sachen nicht vergessen sollst, daß du dich nachzufragen traust, wenn du den Namen nicht richtig verstanden hast* [...]. *Und dadurch, daß du dich da im Video selbst gesehen hast, selber gehört hast, war das leichter.*“ (Frau X., 49 Jahre, Hilfsarbeiterin)

TeilnehmerInnenbewertung

Für die Beurteilung der BO-Maßnahmen unabdingbar ist die Bewertung und Feststellung des für die TeilnehmerInnen erreichten Nutzens auf verschiedensten Ebenen. Bei den festgestellten Aspekten wurde zwischen berufsbezogenen und persönlichkeitsbezogenen Effekten unterschieden.

Bewertung der Nutzeffekte durch die TeilnehmerInnen

Mehrfachantworten	AUFLEB		AUSPED		insgesamt	
Nutzeffekte der BO						
Einblick in berufliche Möglichkeiten	388	83,3 %	257	67,6 %	645	76,2 %
besseres Zurechtfinden am Arbeitsmarkt	331	71,0 %	221	58,2 %	552	65,2 %
besseres Bewältigen der Bewerbungssituationen	393	84,3 %	310	81,6 %	703	83,1 %
in beruflicher Hinsicht aktiver geworden	355	76,2 %	263	69,2 %	618	73,0 %
mehr Selbstvertrauen bekommen	344	73,8 %	214	56,3 %	558	66,0 %
das Gefühl bekommen, selbst viel zur beruflichen Zukunft beitragen zu können	382	82,0 %	272	71,6 %	654	77,3 %
insgesamt	466		380		846	
Nutzeffekte der BO-Gruppe						
berufliche Orientierung	287	63,4 %	176	48,2 %	463	56,6 %
berufliche Anregungen	273	60,3 %	173	47,4 %	446	54,5 %
Rückhalt	111	24,5 %	94	25,8 %	205	25,1 %
hat mich „aufgebaut“	387	85,4 %	290	79,5 %	677	82,8 %
schlechtes Klima	18	4,0 %	19	5,2 %	37	4,5 %
insgesamt	453		365		818	

Wenn auch zum Teil bedeutend positivere Bewertungen durch die AUFLEB-TeilnehmerInnen vorgenommen werden, belegen die Ergebnisse sehr hohe Nutzeffekte für beide Stiftungen: Die stark berufs- und arbeitsmarktbezogenen Ziele werden von 65 %[67] bis zu 83 % der TeilnehmerInnen erreicht. Angesichts der diesbezüglichen Defizite vor Eintritt in die Stiftung wurden bei der selbständigen Orientierung am Arbeitsmarkt beziehungsweise der beruflichen Flexibilität wesentliche Erfolge erzielt.

67 Diesbezüglich ist anzunehmen, daß die objektiv schlechten Möglichkeiten auf gewissen regionalen Arbeitsmärkten die niedrigere Zustimmungsrate bewirken.

Als wichtig für das Erreichen berufsbezogener Ziele gelten persönlichkeitsbezogene Aspekte wie die Steigerung von Aktivitäten zur Lösung anstehender beruflicher Probleme, die Steigerung des Vertrauens in die eigenen Fähigkeiten und die Erhöhung der Eigenmotivation. Die Zustimmungsquoten zu den jeweiligen Fragen liegen zwischen 66 % und 77 %.
Eine wichtige Größe innerhalb der Berufsorientierung ist das Gruppensetting. Neben der Funktion, im Verbund von Betroffenen gemeinsam an persönlicher Stabilität und damit auch an Problemlösungskompetenz dazuzugewinnen, ergeben sich durch den Austausch unterschiedlichster beruflicher Erfahrungen auch Anregungen und Ideen für die eigene berufliche Orientierung. 57 % der TeilnehmerInnen haben von den Erfahrungen in der Gruppe für die eigene berufliche Orientierung profitiert, 55 % haben durch die Gruppe neue berufliche Anregungen bekommen; fast alle Interviewten zogen eine nach Alter und Geschlecht, Qualifikation, beruflicher Vorerfahrung etc. möglichst durchmischte Gruppe deutlich vor.[68]

Die TrainerInnen

Ein wichtiger Faktor für das Erreichen der Ziele der Berufsorientierung beziehungsweise eines abgesicherten und fundierten „Karriereplans" liegt in der Qualität der Unterstützung und Betreuung durch die TrainerInnen. Diesen bescheinigen die TeilnehmerInnen sowohl auf fachlicher als auch auf gruppendynamischer, persönlicher Ebene Fähigkeiten und Kompetenzen in einem überraschend hohen Ausmaß von 84 %–90 %.

Bewertung durch die TeilnehmerInnen

Mehrfachantworten	AUFLEB		AUSPED		insgesamt	
fachlich kompetent	435	91,0 %	286	76,3 %	721	84,5 %
passender Umgang mit Gruppe	437	91,4 %	328	87,5 %	765	89,7 %
interessante Inhalte vermittelt	425	88,9 %	293	78,1 %	718	84,2 %
Sinn von Inhalten wurde erklärt	429	89,7 %	312	83,2 %	741	86,9 %
berücksichtigten Interessen und Wünsche	435	91,0 %	317	84,5 %	752	88,2 %
insgesamt	478		375		853	

Im folgenden werden die wichtigsten Unterschiede der Rahmenbedingungen für die Tätigkeit der TrainerInnen auf Grundlage einer Fragebogenerhebung präsentiert. Die bevorzugte Form der Anstellung ist

68 Seltene Interviewaussagen, durch die BO kaum Anregungen bekommen zu haben, stammen vor allen von TeilnehmerInnen, deren Gruppe wenige Mitglieder zählte, die hauptsächlich aus einer Firma kamen.

ein Werkvertrag für die Dauer einer Berufsorientierung, der entweder mit einer TrainerInnenanbieterfirma (BFI, WIFI, Mentor, Ibis) oder mit dem regionalen Kooperationspartner selbst abgeschlossen wird. Besonders bei Werkverträgen mit der Anbieterfirma ist die direkte Abstimmung und Kooperation mit dem regionalen Kooperationspartner eher unterentwickelt. Die TrainerInnen erfahren oft nur kurzfristig ihren neuen Einsatzort und haben dann dementsprechend wenig Zeit für die notwendige Vorbereitung. Seltener ist eine Anstellung bei einer Anbieterfirma oder dem regionalen Kooperationspartner. Einen Sonderfall stellen StiftungsteilnehmerInnen dar, die als kurzfristig ausgebildete TrainerInnen („train the trainer") eingesetzt werden.

- Basisinformationen über den regionalen Arbeitsmarkt, die Wirtschaftsstruktur beziehungsweise wichtige AnsprechpartnerInnen in der Region erhalten die TrainerInnen ihrer Aussage zufolge entweder in knapper Form über Unterlagen und durch KollegInnen beziehungsweise die Stiftungsleitung; zum Teil werden Stellenlisten, Wirtschaftsstrukturdaten, Bezirksprofile etc. zur Verfügung gestellt. Die Mehrzahl der TrainerInnen müsse sich dementsprechende Kenntnisse selbständig erarbeiten. Aufgrund von Zeitmangel fallen diese Eigeninitiativen des öfteren sehr mangelhaft aus.
- Zum Teil beklagen sich die TrainerInnen auch über Unklarheiten bei inhaltlichen Vorgaben und Prioritätensetzungen der jeweiligen regionalen Kooperationspartner oder der LGS und RGS, die bisweilen zu „negativen Überraschungen" bei der Genehmigung von „Karriereplänen" führen. In der Mehrzahl aber sind sie doch durch (regelmäßige) Kontakte mit der Stiftungsleitung beziehungsweise VertreterInnen der RGS noch während der BO-Phase im Überblick informiert.
- Mit den Kommunikationsstrukturen zwischen TrainerInnen, Stiftungsleitung und AMS ist die Mehrzahl der TrainerInnen im wesentlichen zufrieden: In diesem Zusammenhang verweisen die befragten Personen vor allem auf den (wöchentlichen) Austausch zwischen TrainerInnen und regionalem Stiftungsmanagement beziehungsweise auf regelmäßige Gespräche mit VertreterInnen des AMS. Bemängelt werden vor allem der Erfahrungsaustausch mit KollegInnen und den VertreterInnen des RGS.
- Die Unterstützung bei schwierigen Entscheidungen (Genehmigungen, Verlängerungen, Ausschlüssen etc.) wird von einer Mehrheit der TrainerInnen als ausreichend bezeichnet. In „schwierigen Situa-

tionen" greifen sie besonders auf Gespräche mit der regionalen Stiftungsleitung, seltener mit Vorstandsmitgliedern zurück; weitere „Absicherungen" bestehen in Form von klärenden Gesprächen mit dem AMS, einer (eher selten gegebenen) Supervision beziehungsweise informellen Abklärungen mit den KollegInnen. Sehr oft wird in diesem Zusammenhang der Wunsch nach einer begleitenden Supervision im Bedarfsfall beziehungsweise nach mehr Zeit für einen Erfahrungsaustausch innerhalb des Teams und mit der Leitung formuliert. Besonders der strukturierte Erfahrungsaustausch mit TrainerkollegInnen stellt ein kaum genutztes Potential für die Weiterentwicklung der unterschiedlichen Maßnahmen dar.

- Weiters verweisen die TrainerInnen auch auf die kaum gegebenen Möglichkeiten für berufliche Weiterbildungen im eigenen Tätigkeitsfeld. Die Mehrzahl ist bei Weiterbildungen zur Gänze auf Eigeninitiative angewiesen, vereinzelt werden durch die Anbieterfirmen interne Weiterbildungsprogramme angeboten. Weiterbildungswünsche werden vor allem in Hinsicht auf Entwicklungen am Arbeitsmarkt, auf Veränderungen in der Wirtschaft, auf aktuell nachgefragte Berufe, „Zukunftsberufe" und Ausbildungsmöglichkeiten sowie auf neue Methoden der Gruppendynamik, Moderation und Kommunikation geäußert.
- Als hilfreich erachten die TrainerInnen eine verbesserte Information über die TeilnehmerInnen vor Maßnahmenbeginn. Aktuell besteht die Information vor allem in Form von TeilnehmerInnenlisten mit Namen und Altersangaben. Nur wenige TrainerInnen geben an, keine oder nur wenige Informationen über die TeilnehmerInnen erhalten zu haben.
- Die Standards der infrastrukturellen Ausstattung für die Durchführung der Berufsorientierung sind nach den Aussagen der TrainerInnen je nach Einsatzort von unterschiedlicher Qualität. Bemängelt werden teilweise zu kleine Räumlichkeiten, fehlende Pausenräume oder TrainerInnenbüros und eine mangelhafte instrumentelle Ausstattung (Flipcharts, Overheadprojektoren, Telefone und PCs).

Der „Karriereplan"

Ein fundierter und konsensfähiger „Karriereplan" stellt sozusagen den „Fahrplan" für den weiteren Stiftungsverlauf dar und regelt vor allem die vorgesehenen Programme, deren Kosten und Dauer. Die Bewertung der Wichtigkeit der Inhalte der Berufsorientierung für die Festlegung des „Karriereplanes" (also ihre Funktionalität als Entscheidungskriterium)[69] ergibt eine interessante Rangordnung. Die wichtigsten Entscheidungskriterien bilden die Auseinandersetzung mit den eigenen Qualifikationen und Fähigkeiten, mit den beruflichen Wünschen und Vorstellungen und mit der Realisierbarkeit in bezug auf die persönlichen Umfeldbedingungen (familiäre und finanzielle Situation versus Ausbildungsdauer, Notwendigkeit eines schnellen Lohnerwerbs; regionale Ausbildungsangebote und Erreichbarkeit, etc.). Zwischen 67 % und 78 % der TeilnehmerInnen stufen diese Punkte als „sehr wichtig" ein. Zu diesem Bündel gehört ebenso die Überprüfung und Bestätigung von Eignungen, Fähigkeiten und Interessen über verschiedenste analytische Testverfahren. Diese stellen für beinahe 50 % der TeilnehmerInnen ein wichtiges Entscheidungskriterium dar. Die Auseinandersetzung mit dem bisherigen Berufsweg wird von 42 % als Entscheidungshilfe betrachtet.

Das nächstwichtige Bündel umfaßt die Maßnahmen, die sich mit dem Arbeitsmarkt und verschiedensten Berufsfeldern und -bedingungen auseinandersetzen. Dazu zählt ein Überblick über den (regionalen) Arbeitsmarkt und die dort vorzufindenden Chancen (wichtig für 60 %), über Berufsfelder und Berufsbilder samt Anforderungen und Arbeitsbedingungen sowie das Kennenlernen von konkreten Tätigkeitsbereichen durch Schnupperpraktika sowie Arbeitsmarkt- und Betriebsanalysen (jeweil für 48 % sehr wichtig). Rückmeldungen der TrainerInnen[70] sind für 45 % eine Entscheidungshilfe, solche aus der Gruppe für 30 %.

Im Zusammenhang mit den vielfältigen Recherchen und Analysen ist auch der Wechsel von beruflichen Perspektiven in der Berufsorientierung zu sehen. Zum einen kommen TeilnehmerInnen mit einer klaren beruflichen Perspektive in die Berufsorientierung und ändern während dieser ihre berufliche Zielsetzung. Das betrifft 10 % derjenigen, die zu Beginn ein fixes Berufsziel haben (52 von 554 Personen). Zum anderen ändern TeilnehmerInnen ohne oder mit einer nur sehr vagen beruflichen Vorstellung zu Beginn im Verlauf der Berufsorientierung das zunächst entwickelte Ziel. Das betrifft 67 % oder 213 von 317 Personen. Tendenziell finden sich unter den Personen, die ihre berufliche

69 Die diesbezüglichen Werte in der Tabelle stehen für eine hohe Zustimmung (1,2) in einer siebenstufigen Skala – die Differenz auf 100 % umfaßt die Stufen von 3 bis 7 („eher noch wichtig" bis „ganz unwichtig").

70 Das stimmt auch mit den Antworten auf die Frage nach starken Einflüssen überein, sich für einen bestimmten „Karriereplan" zu entscheiden: 37 % schreiben solche den TrainerInnen, 18 % der regionalen Stiftungsleitung, 16 % der Gruppe und 8 % dem AMS zu.

Vorstellung während der Berufsorientierung ändern, vor allem TeilnehmerInnen im Alter zwischen 31 und 40 Jahren, Personen mit einem Pflichtschulabschluß als höchster Ausbildung beziehungsweise solche mit einer Meisterprüfung sowie TeilnehmerInnen, die im letzten Beruf vor dem Stiftungseintritt als angelernte Arbeitskräfte tätig waren (vgl. Materialienband).

Die von den TeilnehmerInnen angegebenen Gründe[71] für den Wechsel von Zielvorstellungen lassen zugleich einen Schluß auf persönliche, regionale und stiftungsinterne Grenzen der Verwirklichung von Berufswünschen, vor allem in Hinsicht auf Aus- und Weiterbildungen, zu: Als wichtigster Grund für den Zielwechsel wird die „schlechte Arbeitsmarktlage“ im ersten Zielbereich genannt. Die Erkenntnis, daß man mit der zunächst ins Auge gefaßten beruflichen Richtung kaum Chancen hat, am Arbeitsmarkt wieder Fuß zu fassen, ist für 63 % mit ein Grund für die Umorientierung und kann zugleich als Indiz für eine arbeitsmarktgerechte Orientierung dienen.

An zweiter Stelle steht das regionale Arbeits- und Ausbildungsangebot und die oft sehr strikt gehandhabte Koppelung von Kursausbildungen mit einem Praktikumsplatz, sofern durch den Kurs keine „Vollauslastung“ erreicht wird.[72] Die schlechte Erreichbarkeit von Ausbildungsinstitutionen (vor allem in abgelegeneren Regionen), fehlende Praktikumsplätze in der Region, zu lange Wartezeiten oder auch fehlende Qualifikationsvoraussetzungen für Ausbildungen bilden wichtige Hindernisse für die Umsetzung der ersten beruflichen Zielvorstellung. 53 % führen die Nichtverwirklichung ihres ersten Planes auf diese Faktoren zurück.

Der drittwichtigste Grund (40 %) liegt in der „persönlichen finanziellen Situation“ der TeilnehmerInnen. Immer wieder berichten TeilnehmerInnen davon, daß wegen voraussehbarer finanzieller Probleme und fehlender familiärer Unterstützung von längeren Ausbildungen Abstand genommen wurde.[73] In bezug auf längere (und damit zumeist

71 In der Tabelle sind nur die Prozentwerte und absoluten Zahlen für die Kategorie „sehr wichtig bis wichtig“ angegeben, die Differenz zu 100 % entspricht den Kategorien „eher unwichtig“ bis „unwichtig“.

72 Zudem wird bei manchen Berufen, deren Nachfrage am Arbeitsmarkt gering ist oder zumindest angezweifelt wird, die Genehmigung oft an das Vorhandensein eines Praktikumsplatzes mit Aussicht auf Übernahme gebunden.

73 Das betrifft in erster Linie Personen mit einem früheren geringeren Einkommen und/oder Familie; zum Teil aber kommen auch von Personen mit einem höheren Einkommen auf dem letzten Arbeitsplatz Klagen, daß früher eingegangene finanzielle Verpflichtungen und der alltägliche Bedarf mit dem Stiftungsentgelt kaum längere Zeit bewältigt werden können.

fundiertere) Ausbildungen fungiert das Stiftungseinkommen für weniger bemittelte Personen mit Versorgungspflichten eindeutig selektiv. Zum Beispiel scheitern Ausbildungen für den Sozial- und Gesundheitsbereich, die in der Regel eher längerfristig angelegt sind, oft an der „fehlenden finanziellen Reserve".

Das eigene „Alter", die „Unklarheit, ob die gewünschte Ausbildung auch von der Stiftung finanziert wird", die „familiäre Situation" (Betreuungspflichten), „Auflagen der Stiftung" (Nahtlosplanung, Vollauslastung, Ausbildungskosten) und Lernängste (Unsicherheit, die geplante Ausbildung zu schaffen) werden als weitere, anteilsmäßig jedoch nur von weniger TeilnehmerInnen für wichtig gehaltene Gründe genannt.

Als Ergebnis des „Karriereplanes" überwiegt die „Aus- und Weiterbildung" mit 57 %. Danach folgt die „aktive Arbeitssuche" in Verbindung mit einer kurzen Aufschulung mit 24 % – exemplarisch sei hier auf EDV-Ausbildungen für die Erhöhung der Chancen im Bürobereich und auf EDV-Lagerhaltungs- oder Staplerfahrerkurse für eher niedrigqualifizierte Bereiche hingewiesen. Eine „aktive Arbeitssuche" ohne zusätzliche Aufschulung wählen insgesamt 11 % der TeilnehmerInnen, 5 % streben Ausbildungen und Unterstützungen für das Selbständigwerden an, 3 % geben an, daß sie keinen oder einen unklaren „Karriereplan" entwickelt haben.

Für die „aktive Arbeitssuche" mit oder ohne Aufschulung entscheiden sich vor allem Personen über 40 Jahre; dies gilt vor allem für die AUSPED-TeilnehmerInnen, die für den Verbleib im Bürobereich zumeist noch zeitgemäßere „jobwichtige" Qualifikationen wie EDV-Grundkenntnisse etc. erwerben müssen. Aus- und Weiterbildungen werden überdurchschnittlich von Personen bis 40 in Anspruch genommen. Bei den GründerInnen handelt es sich zumeist um Männer, um AUFLEB-StiftungsteilnehmerInnen beziehungsweise um Personen im Alter zwischen 30 und 40 Jahren. Einen unklaren „Karriereplan" haben zum Großteil „ältere" TeilnehmerInnen: Jede zweite Person mit einem unklaren Ergebnis ist älter als 50 Jahre[74] (vgl. Materialienband).

Über zwei Drittel (68 %) der TeilnehmerInnen sind in einem hohen

74 Unklare „Karrierepläne" finden sich unter den befragten TeilnehmerInnen vor allem im Zusammenhang mit dem Alter, gesundheitlichen Problemen und der damit zusammenhängenden Orientierung an einer Pensionierung (zum Teil läuft bereits ein Pensionsantragsverfahren), mit „hoffnungslosen" Arbeitsmärkten, zum Teil aber auch in Zusammenhang mit Entscheidungen außerhalb der Stiftung, zum Beispiel wenn ein/e Teilnehmer/in einen neuen Arbeitsplatz in Aussicht hat, die positive Entscheidung aber noch aussteht.

Ausmaß davon überzeugt, daß der erarbeitete „Karriereplan“ der für sie passende ist. 25 % sind davon in einem mittleren Ausmaß überzeugt, 7 % überhaupt nicht. Das sind zu einem überdurchschnittlichen Anteil Personen, die sich für eine „aktive Arbeitssuche“ ohne Aufschulung entschieden haben, und dies oft als Ausweg, wenn sich andere Pläne zerschlagen haben; sonst handelt es sich meistens um Personen mit einem unklaren „Karriereplan“-Ergebnis.

Kriterien für den Entwurf des „Karriereplanes“

Mehrfachantworten	AUFLEB		AUSPED		insgesamt	
wichtige Inputs für den „Karriereplan“						
Interessen- und Fähigkeitstests	202	52,3 %	142	45,1 %	344	49,1 %
Rückmeldung der Gruppe	129	33,4 %	86	27,3 %	215	30,7 %
Rückmeldung der TrainerInnen	190	49,2 %	122	38,7 %	312	44,5 %
„Anschauen“ konkreter Tätigkeitsbereiche	195	50,5 %	139	44,1 %	334	47,6 %
Überblick über Berufsfelder	186	48,2 %	153	48,6 %	339	48,4 %
Einblick in Arbeitsmarkt	227	58,8 %	192	61,0 %	419	59,8 %
Auseinandersetzung mit bisherigem Berufsweg	169	43,8 %	128	40,6 %	297	42,4 %
Auseinandersetzung mit beruflichen Wünschen	266	68,9 %	227	72,1 %	493	70,3 %
Überprüfung Plan und persönliches Umfeld	264	68,4 %	207	65,7 %	471	67,2 %
Auseinandersetzung mit eigenen Qualifikationen	293	75,9 %	251	79,7 %	544	77,6 %
insgesamt	386		315		701	
Gründe für Änderung des „Karriereplanes“						
Plan verworfen, weil zu alt	43	27,0 %	37	26,4 %	80	26,8 %
wegen familiärer Situation	39	24,5 %	22	15,7 %	61	20,4 %
persönliche finanzielle Situation	58	36,5 %	61	43,6 %	119	39,8 %
schlechte Arbeitsmarktlage	97	61,0 %	91	65,0 %	188	62,9 %
unklar, ob Plan von Stiftung finanziert	36	22,6 %	43	30,7 %	79	26,4 %
wegen Auflage der Stiftung	20	12,6 %	39	27,9 %	59	19,7 %
Umsetzung des Planes nicht möglich	79	49,7 %	80	57,1 %	159	53,2 %
Ausbildung nicht zugetraut	29	18,2 %	14	10,0 %	43	14,4 %
insgesamt	159		140		299	

Ergebnis des „Karriereplanes“						
„aktive Arbeitssuche“	73	14,0 %	35	7,9 %	108	11,2 %
„aktive Arbeitssuche“ und kurze Schulung	103	19,7 %	131	29,6 %	234	24,2 %
Aus-/Weiterbildung	308	59,0 %	243	54,9 %	551	57,1 %
Gründung mit notwendiger Ausbildung	35	6,7 %	13	2,9 %	48	5,0 %
Ergebnis unklar/kein „Karriereplan“ erstellt	8	1,5 %	22	5,0 %	30	3,1 %
insgesamt	522	100,0 %	443	100,0 %	965	100,0 %
Überzeugung, den richtigen „Karriereplan“ erstellt zu haben						
groß	347	73,7 %	252	61,8 %	599	68,1 %
mittel	104	22,1 %	114	27,9 %	218	24,8 %
klein	20	4,2 %	42	10,3 %	62	7,1 %
insgesamt	471	100,0 %	408	100,0 %	879	100,0 %

Die Ergebnisse des „Karriereplanes“ differieren nach den unterschiedlichen regionalen Kooperationspartnern und stimmen teilweise mit formulierten arbeitsmarktpolitischen Prioritätensetzungen (Höherqualifizierung, schnelle Vermittlung aufbauend auf vorhandene Qualifikationen oder auf „jobwichtige“ Aufschulungen) in den jeweiligen Bundesländern überein. Vor allem in bezug auf überdurchschnittliche Anteile an GründerInnen kann auch die Organisation in der Berufsorientierung von Bedeutung sein – sie finden sich dort (in zwei Bundesländern), wo die Gründung intensiv „beworben“ wird und die Gründungsberatungen vorwiegend im Gruppendesign durchgeführt werden[75] (vgl. Materialienband):

Ergebnis des „Karriereplanes“ nach Bundesländern/ Stiftungsstandorten

	„aktive Arbeitssuche“		„aktive Arbeitssuche“ + Aufschulung		Ausbildung		Gründung		Ergebnis unklar		insgesamt	
Kärnten	8	14,0 %	23	40,4 %	24	42,1 %	1	1,8 %	1	1,8 %	57	100,0 %
Niederösterreich	23	18,4 %	33	26,4 %	58	46,4 %	9	7,2 %	2	1,6 %	125	100,0 %
OÖ (AUSPED Suben)	1	2,1 %	22	45,8 %	24	50,0 %			1	2,1 %	48	100,0 %
OÖ (Steyr)	11	6,3 %	33	18,8 %	120	68,8 %	9	5,1 %	3	1,7 %	176	100,0 %
Salzburg	6	8,2 %	18	24,7 %	39	54,8 %	4	5,5 %	6	8,2 %	73	100,0 %
Steiermark	29	19,1 %	24	15,8 %	84	55,9 %	10	6,6 %	5	3,3 %	152	100,0 %
Tirol	7	7,1 %	15	15,2 %	71	72,7 %	5	5,1 %	1	1,0 %	99	100,0 %
Vorarlberg	6	12,5 %	16	33,3 %	22	45,8 %	4	8,3 %			48	100,0 %
Wien	16	9,6 %	42	25,7 %	95	57,5 %	3	1,8 %	11	6,6 %	167	100,0 %
insgesamt	108	11,3 %	228	24,0 %	541	57,1 %	45	4,7 %	31	3,3 %	953	100,0 %

Verbesserungsvorschläge

Organisation

- Betreuungschlüssel mit ausreichender Kapazität für Kleingruppenarbeit und Einzelgespräche;
- flexible Lösungen der BO-Dauer hinsichtlich der Entscheidungsfindung wegen verschiedener individueller Bedürfnisse der TeilnehmerInnen;
- halbtägige Berufsorientierung für Personen mit Betreuungspflichten;
- ausreichende infrastrukturelle Ausstattung für Bewerbungsarbeit und EDV-Erstkonfrontation (PC, Telefon);

75 Eine wichtige Voraussetzung dafür sind natürlich TrainerInnen, die über Kompetenzen für „reine“ Berufsorientierung und Gründungen verfügen.

- Organisation von Treffen zu Beginn der Berufsorientierung zwischen TrainerInnen und VertreterInnen des RGS und der Sozialpartner, um einen Überblick über die Situation am regionalen Arbeitsmarkt zu erlangen und wichtige AnsprechpartnerInnen in der Region kennenzulernen.

Inhaltliche Unterstützung

- Schaffung von zusätzlichen Angeboten für die „schnelleren" TeilnehmerInnen (EDV, Schlüsselqualifikationen) oder Einbau für die Unterstützung der „langsameren";
- weniger Zeitdruck gegen Ende der Berufsorientierung und kein „Abdrängen" noch unentschlossener TeilnehmerInnen in eine bestimmte Richtung (zumeist in die „aktive Arbeitssuche" oder in eine unspezifische, wenig jobwichtige Aufschulung wie zum Beispiel einen EDV-Grundkurs);
- Verlängerungsmöglichkeit der Berufsorientierung im Bedarfsfall: individuelles Coaching mit kontinuierlicher Ansprechperson, um zu einem fundierten „Karriereplan" zu gelangen;
- verbesserte Unterstützung und Motivation für „unentschlossenere", „orientierungslose" „ältere" Personen: intensivere Bearbeitung beruflicher Möglichkeiten (Projektarbeiten, Unterstützung bei betrieblichen Kontakten);
- Unterstützung und Aufklärung bei Pensionsangelegenheiten (bei gesundheitlichen Problemen etc.);
- Verringerung der Informationsdefizite zu Beginn vor allem bezüglich der Gründung (Einladung von GründungsexpertInnen, Erlebnisberichte von GründerInnen) und Verstärkung der „Gründungsschiene" bereits in der Berufsorientierung;
- Bemühungen, den Sinn und Zweck von Inhalten und Methoden für die TeilnehmerInnen nachvollziehbar und transparent zu machen.

Information über Berufs- und Ausbildungsmöglichkeiten sowie den regionalen Arbeitsmarkt

- Verbesserung der Berufs- und Weiterbildungsinformation im Bemühen um Aktualität: Berufsbildvideos, Einladung von VertreterInnen beruflicher Weiterbildungsinstitutionen, von Personen mit „ausgefalleneren" Berufen; Sammlung aller relevanten Informationen über Ausbildungen und Ausbildungsinstitutionen und Verfügbarkeit dieser Informationen in der Stiftung;
- verbesserter Überblick über die Situation am Arbeitsmarkt und ver-

mehrte betriebliche Kontakte: Exkursionen, Betriebsbesichtigungen, Einbeziehung von UnternehmerInnen, PersonalleiterInnen, RGS-VertreterInnen als Inputgeber, aktuellere Stellenlisten;
- Verknüpfung der Ergebnisse der Firmenkontakte sowie der Betriebs- und Arbeitsmarktanalysen der TeilnehmerInnen zu einer „Stellen- und Praktikumsbörse", (aufbauende) Zusammenführung des Wissens und der Erfahrungen von TrainerInnen, RGS-VertreterInnen, TeilnehmerInnen etc. über die regionale Wirtschaftsstruktur.

6.3 Aus- und Weiterbildungen

Fundierte Aus- und Weiterbildungen sind als das „Mittel" der Stiftung gedacht, um den TeilnehmerInnen eine längerfristige Integration in den Arbeitsmarkt zu erleichtern. Dies vor allem deswegen, weil die TeilnehmerInnen zum Großteil entweder für Berufe qualifiziert sind, für die aufgrund der wirtschaftlichen Entwicklung weniger Arbeitsplätze vorhanden sind (ZolldeklarantInnen und SpediteurInnen bei der AUSPED beziehungsweise Berufe im Nahrungs- und Genußmittelbereich bei der AUFLEB), oder weil sie oft nur veraltete oder zu spezifische Qualifikationen für den veränderten Arbeitsmarkt mit sich bringen. Dies betrifft vor allem die kaufmännisch-betriebswirtschaftlichen Berufe in beiden Branchen. Bis auf wenige Ausnahmen (technische Berufe, Anlagen- und Maschinenbau, metallverarbeitende Berufe) liegen die Herkunftsberufe beziehungsweise zuletzt ausgeübten Tätigkeiten im kaufmännisch-betriebswirtschaftlichen Sektor, im Handels- und Verkehrsbereich und in der Lebens- und Genußmittelproduktion.
Für die Darstellung sowohl der Herkunftsberufe und der in den Stiftungen gewählten Ausbildungen als auch der nach dem Stiftungsaustritt ausgeübten Berufe wurden die einzelnen Berufe und Ausbildungsrichtungen zu Berufsgruppen[76] zusammengefaßt. Um einen Eindruck des Spektrums der Berufe und Ausbildungen zu vermitteln, der durch die Zusammenfassung zwangsläufig verlorengeht, finden sich zunächst die den Berufsgruppen zugeordneten einzelnen Berufe und Ausbildungen aufgelistet.
Kaufmännisch-betriebswirtschaftliche Berufe: Abteilungsleitung, Sachbearbeitung, Bankangestellte/r, Buchhaltung, Marketingassistenz,

76 Dazu ist anzumerken, daß es keine einheitlichen Zusammenlegungen in den verschiedenen Berufslexika gibt. Im vorliegenden Fall wurde weitgehend die Systematisierung in den AUSPED-Berichten übernommen.

Sekretariat, Bürokaufmann/frau, Versicherungskaufmann/frau, Qualitätssicherung, Rechnungswesen und Controlling, Projekt- und Prozeßmanagement, Logistik, Export-Import-Kaufmann/frau, BetriebswirtIn, DisponentIn, Geschäftsführung, FakturistIn, Industriekaufmann/frau, Versand/Expedit, Geschäftsführungsassistenz, Unternehmensakademie.

Handels- und Verkehrsberufe: Einzelhandelskaufmann/frau, Großhandelskaufmann/frau, Handelsassistenz, ZolldeklarantIn, SpediteurIn, „Osthandelsexperte", internationale Handelsbeziehungen, AußendienstmitarbeiterIn, Handelsvertretung, BerufskraftfahrerIn (Bus, LKW), FahrlehrerIn, StaplerfahrerIn, KranfahrerIn, AusführerIn, Seilbahnbedienstete/r, TankwartIn, LiftwartIn, ReiseleiterIn, Reisebüroassistenz.

EDV-Berufe: OperatorIn, Systemorganisation und -betreuung, Programmierung, Informatik, PC-Administration, Software-Engineering.

Technische Berufe: Technische/r Angestellte/r, Betriebstechnik, Kunststofftechnik, Maschinenbautechnik, Vermessungstechnik, bautechnische/r Zeichner/in, Elektrotechnik, Sanitär- und Heizungstechnik, CAD-Technik, LaborantIn.

Sozial- und Gesundheitsberufe: Altenhilfe, Heimhilfe, Pflegehilfe, Sanitätshilfe, (psychiatrische) Krankenpflege, SozialarbeiterIn, Behindertenbetreuung, Jugendbetreuung, Kindergartenhilfe, Tageseltern, Sozial- und Berufspädagogik, Lebens- und Sozialberatung, TrainerIn, Fußpflege, Massage, HeilbademeisterIn, Gesundheitstraining, Physiotherapie, medizinisch-technischer Fachdienst, medizinische Verwaltung, HeilpraktikerIn, Hebamme, Zahntechnik, Ordinationshilfe.

Hotel- und Gaststättenberufe: Hotel- und Gastgewerbeassistenz, Hotelkaufmann/frau, Rezeption, Koch/KellnerIn, Küchenhilfe, Stubenmädchen/bursch.

Öffentlicher Dienst und diverse Dienstleistungen: öffentlich Bedienstete/r, Wachebeamte, Sicherheitsfachkraft, LehrerIn (Sonder-, Volks-, Haupt-, Musikschule), Religionspädagogik, BibliothekarIn, Botendienst, RaumpflegerIn, Hausbesorgung, Haushaltung, Werbungsberatung, Umwelt- und Energieberatung, Abfallberatung, Betriebsberatung, JournalistIn, Immobilienhandel, VersicherungsmaklerIn.

Land- und forstwirtschaftliche Berufe: landwirtschaftliche Facharbeit, landwirtschaftliche Beratung, Jägerei, Försterei, Forstfacharbeit, LandschaftsgärtnerIn, Gärtnereigehilfe/in, FloristIn.

Anlagen- und Maschinenbau-, Metallberufe: Dampfkesselwartung, (Betriebs-)Schlosserei, Maschinenschlosserei, Maschinenmechanik,

Landmaschinenmechanik, SchweißerIn, Fahrradmechanik, WerkzeugmacherIn, KFZ-Mechanik, KFZ-Elektrik, Spenglerei, Häuer, Klärfacharbeit.

Bau- und Bauausstattungs-, Einrichtungs-, Elektroberufe: Maurerei, Zimmerei, Gas- und Wasserleitung, Wasserleitungsinstallation, Hafnerei, Tischlerei, Maler und Anstreicherei, Platten- und FliesenlegerIn, Elektromechanik, Elektroinstallation, Radio- und FernsehtechnikerIn, TapeziererIn.

Lebens- und Genußmittel: Fleischerei, Fleischereihilfsarbeit, LadnerIn, Molkerei und Käserei, Molker- und Käsergehilfe/in, Bäckerei, Konditorei, Bäckerei- und Konditoreihilfsarbeiten, GetreidemüllerIn, Mühlenhilfsarbeit, Bräuer und Mälzerei, Lebensmittelverpackung.

Sonstige Berufe: Lagerarbeit, Lagerleitung/-haltung, MagazineurIn, Versandarbeit, Expedit, Herrenschneiderei, ModedesignerIn, LackiererIn, HeizerIn, AusbildnerIn für Schilehrwarte.

Für die Ausbildungen wurden weitere Zusammenfassungen getätigt, sofern sie nicht klar einer der bisherigen Berufsgruppen zuzuordnen waren:

EDV-Grundkurse: allgemeine EDV-Kenntnisse, EDV und Sprachen usw. (vorwiegend allgemeine Aufschulungen für den Büro- und Verwaltungsbereich).

Deutschkurse, Sprachen: Deutschkurse für AusländerInnen, Aufbesserung von Fremdsprachenkompetenz hauptsächlich für den Büro- und Handelsbereich.

Schulische Ausbildungen: hauptsächlich in höheren technischen und höheren kaufmännischen Schulen.

Studien: Studien umfassen das Erreichen von Studienberechtigungsprüfungen wie auch Studien in vielerlei Disziplinen, vorwiegend aber in wirtschaftlichen Zweigen (Betriebswirtschaft, Handelswissenschaft, Wirtschaftsinformatik, Wirtschaftspädagogik, internationale Wirtschaftswissenschaft) sowie an der juridischen Fakultät. Vereinzelt belegte Fächer sind Elektrotechnik, technischer Umweltschutz, Informatik, Chemie, Lebensmitteltechnologie, Pädagogik, Soziologie, Chemie, Architektur und Dolmetschen.

Insgesamt haben sich 57 % oder 551 TeilnehmerInnen im „Karriereplan“ auf eine Aus- und Weiterbildung festgelegt.

Beschreibung der gewählten Ausbildung

	AUFLEB		AUSPED		insgesamt	
gewählte Ausbildung						
kaufmännisch-betriebswirtschaftlich	48	16,2 %	63	26,6 %	111	20,8 %
Handels- und Verkehrsberufe	31	10,5 %	12	5,1 %	43	8,1 %
EDV-Berufe	5	1,7 %	4	1,7 %	9	1,7 %
technische Berufe	12	4,1 %	3	1,3 %	15	2,8 %
Sozial- und Gesundheitsberufe	56	18,9 %	45	19,0 %	101	18,9 %
Hotel- und Gaststättenberufe	8	2,7 %	4	1,7 %	12	2,3 %
öffentlicher Dienst, Dienstleistungen	10	3,4 %	13	5,5 %	23	4,3 %
Land- und Forstwirtschaft	9	3,0 %	3	1,3 %	12	2,3 %
Anlagen und Maschinen, Metall	10	3,4 %			10	1,9 %
Bau und Bauausstattung, Einrichtung	18	6,1 %	1	0,4 %	19	3,6 %
Lebens- und Genußmittel	2	0,7 %			2	0,4 %
sonstige Berufe	18	6,1 %	27	11,4 %	45	8,4 %
EDV-Grundkurse	26	8,8 %	26	11,0 %	52	9,8 %
Deutschkurs, Sprachen	1	0,3 %	1	0,4 %	2	0,4 %
schulische Ausbildung	21	7,1 %	7	3,0 %	28	5,3 %
Studien	21	7,1 %	28	11,8 %	49	9,2 %
insgesamt	296	100,0 %	237	100,0 %	533	100,0 %
Dauer der Ausbildung						
weniger als 1 Monat	31	10,1 %	11	4,5 %	42	7,6 %
1 bis 4 Monate	62	20,1 %	27	11,1 %	89	16,2 %
5 bis 12 Monate	80	26,0 %	72	29,6 %	152	27,6 %
1 bis 2 Jahre	53	17,2 %	53	21,8 %	106	19,2 %
2 bis 3 Jahre	41	13,3 %	41	16,9 %	82	14,9 %
länger als 3 Jahre	41	13,3 %	39	16,0 %	80	14,5 %
insgesamt	308	100,0 %	243	100,0 %	551	100,0 %
aktueller Ausbildungsstatus						
aktuell in Ausbildung	220	73,6 %	148	61,4 %	368	68,1 %
Ausbildung abgeschlossen, ausgetreten	15	5,0 %	25	10,4 %	40	7,4 %
nach Ausbildungsabschluß „aktive Arbeitssuche"	45	15,1 %	44	18,3 %	89	16,5 %
Ausbildungsabbruch, Austritt	5	1,7 %	16	6,6 %	21	3,9 %
Ausbildungsabbruch, Stiftungsverbleib	2	0,7 %	2	0,8 %	4	0,7 %
Austritt, Ausbildungsfortsetzung	3	1,0 %	4	1,7 %	7	1,3 %
sonstiges	9	3,0 %	2	0,8 %	11	2,0 %
insgesamt	299	100,0 %	241	100,0 %	540	100,0 %

Die häufigsten Ausbildungen erfolgen im kaufmännisch-betriebswirtschaftlichen Bereich mit einem Anteil von 21 %, wobei es sich hier vorwiegend um Höherqualifizierungen im angestammten Berufsfeld, teils um Anpassungen der Qualifikation an zeitgemäße Standards[77] der EDV handelt. Frauen, Personen ab 40, AbsolventInnen von Handelschulen sowie Angestellte überwiegen deutlich.

77 So geben viele Interviewte aus der Speditionsbranche an, daß sie zwar mit spezifischen Computerprogrammen arbeiteten, die Grundprogramme für den Bürobereich wie Word oder Excel jedoch nie kennengelernt hätten. Andere wiederum spezialisieren sich in bestimmten Bereichen der Administration wie Lohnverrechnung, Finanzbuchhaltung, Controlling etc.

Den zweithäufigsten Ausbildungsbereich stellen die Sozial- und Gesundheitsberufe mit 19 % dar. Für die TeilnehmerInnen ergeben sich bei Ausbildungen im Sozialbereich aber häufig folgende Probleme: Aufnahmeprüfungen, mangelnde berufliche Vorerfahrung, das Fehlen von Praktikumsplätzen und Ausbildungsangeboten in manchen Regionen und die Ungewißheit, ob der angestrebte Beruf nach der „ersten Begeisterung“ auch tatsächlich den Vorstellungen entspricht. Diesbezüglich werden von den befragten TeilnehmerInnen Schnupperpraktika als ideale Möglichkeit der Vergewisserung gesehen. Frauen, Personen, die nur eine Pflichtschule oder mittlere Schule abgeschlossen haben, sowie TeilnehmerInnen, die vor der Stiftung HilfsarbeiterInnen waren, absolvieren überdurchschnittlich häufig Ausbildungen im Sozial- und Gesundheitsbereich.

Mit jeweils einer Häufigkeit von knapp 10 % folgen EDV-Grundkurse, Studien und Handels- und Verkehrsberufe. Bei den Handels- und Verkehrsberufen fallen vor allem Ausbildungen zur/m Berufskraftfahrer/in und diverse Handelsberufe (Einzelhandel, Großhandel, Handelsassistenz) an. Männer, Personen über 40 Jahre sowie HilfsarbeiterInnen, angelernte Arbeitskräfte und FacharbeiterInnen im letzten Beruf vor dem Stiftungseintritt wählen überdurchschnittlich häufig diese Ausbildungen.

Bezüglich Studien und schulischer Ausbildungen treten bei den Stiftungsträgern in den Bundesländern beträchtliche Unterschiede auf, die auch mit unterschiedlichen Haltungen der LGS in dieser Frage zusammenhängen können. In Steyr, Tirol und Vorarlberg wählen überdurchschnittlich viele StiftungsteilnehmerInnen derartige Ausbildungen, in Kärnten, Niederösterreich und Salzburg sehr wenige bis gar keine (vgl. Materialienband). Die TeilnehmerInnen müssen vor allem bei Ausbildungen, die über die Stiftungszeit hinausreichen, zum Teil einen glaubwürdigen Finanzierungsplan für die restliche Zeit vorlegen. Sie müssen außerdem für längere Zeit mit einem beträchtlichen Rückgang ihres gewohnten Einkommens rechnen.[78]

Die Dauer der Ausbildungen variiert zwischen einem Monat (8 %) und länger als drei Jahren (15 %). Beinahe die Hälfte der Ausbildungen liegt im Bereich von 5–12 Monaten (28 %) und 1–2 Jahren (19 %). Die kurzen Ausbildungen (vor allem jene bis zu 4 Monaten) werden

78 Teilweise übernehmen TeilnehmerInnen bei manchen langen und teuren Lehrgängen (z. B. der Fachakademie für Rechnungswesen und Controlling) oder für zusätzliche Qualifikationen neben der Hauptausbildung (z. B. einer HTL für Maschinenbau und zusätzlichen Kursen für Wirtschaftsenglisch) die Finanzierung anteilig.

überdurchschnittlich häufig von Personen ab 40 Jahren, TeilnehmerInnen mit Pflichtschulabschluß, HilfsarbeiterInnen und angelernten Arbeitskräften im letzten Beruf vor der Stiftung belegt, die längeren (ein Jahr und länger) von Männern, Personen unter 40 Jahren, AbsolventInnen von mittleren/höheren Schulen und Akademien/Universitäten sowie Angestellten und angelernten Arbeitskräften (vgl. Materialienband)

Dauer der Ausbildung nach Bundesländern

	weniger als 1 Monat		1–4 Monate		5–12 Monate		1–2 Jahre		2–3 Jahre		länger als 3 Jahre		insgesamt	
Kärnten	5	20,8 %	5	20,8 %	7	29,2 %	3	12,5 %	3	12,5 %	1	4,2 %	24	100,0 %
Niederösterreich	9	15,5 %	20	34,5 %	13	22,4 %	7	12,1 %	9	15,5 %			58	100,0 %
OÖ (AUSPED Suben)	2	8,3 %	1	4,2 %	5	20,8 %	9	37,5 %	4	16,7 %	3	12,5 %	24	100,0 %
OÖ (Steyr)	6	5,0 %	16	13,2 %	32	26,4 %	17	14,0 %	17	14,0 %	33	27,3 %	121	100,0 %
Salzburg			2	5,0 %	15	37,5 %	17	42,5 %	4	10,0 %	2	5,0 %	40	100,0 %
Steiermark	5	5,9 %	11	12,9 %	24	28,2 %	15	17,6 %	18	21,2 %	12	14,1 %	85	100,0 %
Tirol	5	6,9 %			25	34,7 %	23	31,9 %	10	13,9 %	9	12,5 %	72	100,0 %
Vorarlberg	3	13,6 %	2	9,1 %	2	9,1 %	2	9,1 %	3	13,6 %	10	45,5 %	22	100,0 %
Wien	6	6,3 %	30	31,3 %	26	27,1 %	11	11,5 %	13	13,5 %	10	10,4 %	96	100,0 %
insgesamt	42	7,7 %	88	16,1 %	150	27,5 %	104	19,0 %	81	14,8 %	81	14,8 %	546	100,0 %

Von den TeilnehmerInnen, die eine Ausbildung gewählt hatten, war der Großteil zum Erhebungszeitpunkt August 1996 noch in dieser (68 % oder 368 Personen), 7 % oder 40 Personen hatten die Ausbildung abgeschlossen und waren danach aus der Stiftung ausgetreten,[79] 17 % oder 89 Personen hatten nach der absolvierten Ausbildung noch an der „aktiven Arbeitssuche" teilgenommen. Einige wenige Personen (21 beziehungsweise 4 %) hatten die Ausbildung abgebrochen und waren aus der Stiftung ausgetreten – davon drei Viertel Frauen.

An der Verteilung der Herkunftsbereiche und der gewählten Ausbildungen zeigt sich am besten, inwieweit durch berufliche Umorientierungen in der Stiftung eine Unterstützung des allgemeinen wirtschaftlichen Strukturwandels erwartet werden kann.[80] In den wichtigsten

79 Von den anschließend an die Ausbildung aus der Stiftung ausgetretenen Personen sind 96 % in ein Dienstverhältnis eingetreten; von den Personen, die nach einer Ausbildung die „aktive Arbeitssuche" belegten und aus dieser heraus aus der Stiftung ausgetreten sind, konnten 80 % sofort ein Dienstverhältnis beginnen.

80 Die Wechsel zwischen den Herkunftsbereichen und den im Anschluß an die Stiftung ausgeübten Berufen sind dazu weniger in der Lage, weil vor allem Personen, die sich beruflich umorientieren und längere, fundierte Ausbildungen absolvieren, zum Zeitpunkt der Endredaktion des vorliegenden Berichts noch nicht wieder auf den Arbeitsmarkt zurückgekehrt sind.

Berufsfeld vor Eintritt und gewählte Ausbildungsrichtung

gewählte Ausbildungsrichtung	Berufsfeld vor Eintritt																		insgesamt	
	kaufmännisch/ betriebswirtschaftlich		Handel/ Verkehr		EDV		technisch		öffentlicher Dienst/ Dienstleistungen		Anlagen-/ Maschinenbau		Bau/Bauausstattung		Lebens-/ Genußmittel		sonstige Berufe			
kaufmännisch/ betriebswirtschaftlich	35	28,2 %	49	24,3 %					1	33,3 %	2	20,0 %			13	12,5 %	4	12,1 %	104	21,1 %
Handel/Verkehr	2	1,6 %	24	11,9 %							1	10,0 %			10	9,6 %	1	3,0 %	38	7,7 %
EDV	2	1,6 %	4	2,0 %											1	1,0 %			7	1,4 %
technisch	3	2,4 %	3	1,5 %							1	10,0 %	1	20,0 %	5	4,8 %			13	2,6 %
sozial	19	15,3 %	39	19,3 %			1	11,1 %			1	10,0 %			24	23,1 %	11	33,3 %	95	19,3 %
Hotel/Fremdenverkehr	1	0,8 %	3	1,5 %											4	3,8 %			8	1,6 %
öffentlicher Dienst	8	6,5 %	9	4,5 %			1	11,1 %							4	3,8 %	1	3,0 %	23	4,7 %
Landwirtschaft			3	1,5 %					1	33,3 %			1	20,0 %	5	4,8 %			10	2,0 %
Anlagen-/ Maschinenbau	3	2,4 %	1	0,5 %			1	11,1 %			1	10,0 %	1	20,0 %	2	1,9 %			9	1,8 %
Bau/Bauausstattung	2	1,6 %	2	1,0 %							1	10,0 %			13	12,5 %	1	3,0 %	19	3,9 %
Lebens-/Genußmittel			1	0,5 %											1	1,0 %			2	0,4 %
sonstige Berufe	7	5,6 %	22	10,9 %			2	22,2 %	1	33,3 %			1	20,0 %	6	5,8 %	5	15,2 %	44	8,9 %
EDV-Grundkurs	18	14,5 %	18	8,9 %	1	100,0 %							1	20,0 %	4	3,8 %	5	15,2 %	47	9,5 %
Sprachen			1	0,5 %															1	0,2 %
Schulen	5	4,0 %	4	2,0 %			3	33,3 %			2	20,0 %			9	8,7 %	4	12,1 %	27	5,5 %
Studien	19	15,3 %	19	9,4 %			1	11,1 %			1	10,0 %			3	2,9 %	1	3,0 %	44	9,0 %
insgesamt	124	100,0 %	202	100,0 %	1	100,0 %	9	100,0 %	3	100,0 %	10	100,0 %	5	100,0 %	104	100,0 %	33	100,0 %	491	100,0 %

Herkunftsfeldern ist die Verbleibrate bei den „kaufmännischen-betriebswirtschaftlichen Berufen“ mit 28 % am höchsten. Diese in ihrem „angestammten“ Berufsfeld Verbleibenden absolvieren vor allem spezielle Höherqualifizierungen. Zu diesen 28 % können noch jene 15 % von allgemeinen „höherqualifizierenden EDV-Grundkursen“ hinzugezählt werden, die als unspezifische Höherqualifizierungen anzusehen sind. Die „neuen“ Berufsfelder liegen vor allem im „Sozial- und Gesundheitsbereich“ (15 %), in „universitären Ausbildungen“ (15 %) sowie bei „öffentlichen Berufen“ (7 %).

Von den ehemals in „Handels- und Verkehrsberufen“ tätigen Personen (dabei handelt es sich vor allem um ZolldeklarantInnen und SpediteurInnen) verbleiben 12 % in diesem Bereich. Die Ausbildungen betreffen dabei vor allem spezielle Handelstätigkeiten (Handelsassistenz, Großhandelskaufmann/frau, Handelsvertretungen) oder Umorientierungen zu BerufskraftfahrerInnen (Bus, LKW) beziehungsweise Tätigkeiten vor allem in der Industrie (Stapler-, KranfahrerIn). 24 % der ehemals in „Handels- und Verkehrsberufen“ Tätigen wechseln in den „kaufmännisch-betriebswirtschaftlichen Bereich“, 19 % in den „Sozial- und Gesundheitsbereich“, 11 % zu „sonstigen Berufen“ (vorwiegend Lagerarbeiten), 9 % machen universitäre Studien und ebenfalls 9 % allgemeine unspezifische EDV-Ausbildungen (Grundkurse).

Von den vor der Stiftung im „Lebens- und Genußmittelbereich“ Tätigen absolvieren 13 % Weiterbildungen und Höherqualifizierungen im selben Bereich, 23 % machen Ausbildungen für den „Sozial- und Gesundheitsbereich“, 13 % für „kaufmännisch-betriebswirtschaftliche Berufe“ und 10 % für „Handels- und Verkehrsberufe“. 9 % absolvieren eine schulische Ausbildung.

Einen Rückschluß auf die subjektive Bedeutung der eingeschlagenen Ausbildungswege erlaubt die Einstufung der TeilnehmerInnen, in welcher Art die gewählte Ausbildung an die gegebene Qualifikation anknüpft beziehungsweise was die wichtigsten Gründe für die Aus- und Weiterbildungsentscheidung waren.[81]

Für drei Viertel der Befragten stellt die gewählte Schulung eine Ausbildung für einen neuen Beruf dar. Vergleichsweise häufiger kommt diese Antwort vor allem von HilfsarbeiterInnen (82 %) und angelernten Arbeitskräften im letzten Beruf vor der Stiftung (94 %). Für 38 % entspricht die gewählte Ausbildung (auch) einer Höherqualifizierung im bisherigen Beruf. Darunter finden sich in einem überdurchschnitt-

81 Bei den Fragestellungen waren Mehrfachantworten möglich.

lichen Ausmaß Frauen, TeilnehmerInnen zwischen 41 und 50 Jahren und AHS-AbsolventInnen.

Art der Anknüpfung an die gegebene Ausbildung und Motive für die Ausbildung

Mehrfachantworten	AUFLEB		AUSPED		insgesamt	
Ausbildung entspricht ...						
Höherqualifizierung	120	40,5 %	76	32,6 %	196	37,1 %
Ausbildung in einem neuen Beruf	222	75,0 %	173	74,2 %	395	74,7 %
erster beruflicher Qualifizierung	55	18,6 %	24	10,3 %	79	14,9 %
Abschluß einer begonnenen Ausbildung	51	17,2 %	34	14,6 %	85	16,1 %
insgesamt	296		233		529	
Gründe für Ausbildung						
zu geringe berufliche Qualifikation	128	43,0 %	86	36,3 %	214	40,0 %
geringe Nachfrage für bisherigen Beruf	160	53,7 %	177	74,7 %	337	63,0 %
persönliches Interesse	274	91,9 %	221	93,2 %	495	92,5 %
Realisierung „Wunschberuf“	199	66,8 %	144	60,8 %	343	64,1 %
sonst kaum Bildungsmöglichkeit	182	61,1 %	148	62,4 %	330	61,7 %
insgesamt	298		237		535	

Für knapp 15 % stellt die Ausbildung in der Stiftung eine „erste berufliche Qualifizierung“ beziehungsweise den „Abschluß einer früher begonnenen Ausbildung“ dar, wobei die letzte Antwort häufiger von TeilnehmerInnen, die eine Pflichtschule beziehungsweise höhere Schule abgeschlossen haben, und von angelernten Arbeitskräften im letzten Beruf vor der Stiftung genannt wird. In bezug auf die für die jeweiligen Ausbildungsentscheidungen ausschlaggebenden Gründe wird am häufigsten das „persönliche Interesse“ (93 %) angegeben. Damit wird auch ersichtlich, daß eine wichtige Voraussetzung für eine erfolgreiche Absolvierung der Ausbildung – nämlich die persönliche Identifikation mit dem zukünftigen Beruf – gegeben ist. Etwas aus der Reihe fallen diesbezüglich über 50jährige mit nur 82 % Zustimmung und HilfsarbeiterInnen mit 79 %. Jeweils knapp zwei Drittel der TeilnehmerInnen begründen ihre Ausbildungsentscheidungen mit der Möglichkeit der „Realisierung eines Wunschberufes“ (64 %). Darunter finden sich überdurchschnittlich viele Frauen und Personen im Alter bis zu 30 Jahren. Weiters geben 62 % den Grund an, daß sie „außerhalb der Stiftung kaum eine Möglichkeit zu Weiterbildungen haben“ (überdurchschnittlich häufig nennen dies ehemalige HilfsarbeiterInnen), und 63 % nennen als Motiv die „geringe Nachfrage am Arbeitsmarkt für den bisherigen Beruf“ (überdurchschnittlich häufig Frauen, Angelernte und HilfsarbeiterInnen sowie über 50jährige). Die Begründung „zu geringe berufliche Qualifikation“ (40 %) ist

besonders bei Personen mit keiner weiteren Ausbildung neben dem Pflichtschulabschluß anzutreffen.
Die TeilnehmerInnen sind zum Großteil sehr zufrieden mit der Betreuung während der Ausbildung (63 %). Nur eine Minderheit von 8 % ist damit nicht zufrieden. Die Form der Betreuung und Begleitung während der Ausbildung erfolgt bei einem Großteil der TeilnehmerInnen hauptsächlich über „Einzeltermine nach Bedarf" (51 %). Danach folgen „Gruppentreffen einmal im Monat mit einem kontinuierlichen Ansprechpartner" mit 17 % und „keine Kontakte zur Stiftung während der Ausbildung" ebenso mit 17 %. „Monatliche Einzeltermine mit Stiftungsverantwortlichen" geben 11 % der TeilnehmerInnen als Betreuungsform an. 22 % führen als zusätzliche beziehungsweise auch einzige Form des Kontakts während der Ausbildung telefonische und schriftliche (Monats-)Berichte an.
Überdurchschnittlich zufrieden mit der Betreuung während der Ausbildung sind jene Personen, die als Betreuungsform regelmäßige monatliche Treffen mit den Stiftungsverantwortlichen (79 %) oder monatliche geleitete Gruppentreffen (75 %) angeben.
Besonders unzufrieden sind mit 24 % hingegen diejenigen, bei denen es zu keinerlei Kontakten zu Stiftungsverantwortlichen während der Ausbildung kommt.

Zufriedenheit mit der Ausbildung nach Betreuungsformen

Mehrfachantworten	groß		mittel		gering		insgesamt	
monatlich ein Treffen in der Gruppe	66	75,0 %	21	23,9 %	1	1,1 %	88	100,0 %
Einzeltermine mit Stiftungsverantwortlichen	45	78,9 %	11	19,3 %	1	1,8 %	57	100,0 %
Einzeltermine bei Bedarf	184	69,4 %	72	27,2 %	9	3,4 %	265	100,0 %
andere Kontaktformen	68	59,1 %	36	31,3 %	11	9,6 %	115	100,0 %
keine Kontakte während der Ausbildung	24	31,6 %	34	44,7 %	18	23,7 %	76	100,0 %
insgesamt	318	62,9 %	150	29,7 %	37	7,3 %	505	100,0 %

„Wir haben ein monatliches Treffen, bei dem wir auch unsere Stundenlisten abgeben müssen, und sonst besucht der Stiftungsmanager uns in gewissen Abständen. Ich kann ihm sagen, das stört mich dort, und er wird sich da sicher einsetzen, wenn es in seinem Bereich liegt, aber er läßt uns auch spüren, wenn ihm was nicht paßt. [. . .] *Die in der Firma merken natürlich auch, daß man mit uns nicht alles tun und lassen kann."* (Herr E., 36 Jahre, Bäcker)

6.4 Die „aktive Arbeitssuche" – ein „Auffangbecken für Problemgruppen"?

Konzept und praktizierte Modelle

Die Zielgruppen der „aktiven Arbeitssuche" sind zum einen Personen, die mit einer am Arbeitsmarkt verwertbaren Qualifikation ohne weitere Ausbildung beziehungsweise in Verbindung mit einer kurzen Aufschulung ein neues Beschäftigungsverhältnis eingehen wollen, zum anderen TeilnehmerInnen, die im Anschluß an eine Aus- und Weiterbildung nicht sofort einen neuen Arbeitsplatz finden konnten. In der Realität steht aber nicht so häufig die verwertbare Qualifikation als Grund für den schnellen Eintritt in die „aktive Arbeitssuche" im Vordergrund, sondern vielmehr andere Faktoren wie Alter, finanzielle Hürden oder Lernängste, die individuell die Wahl einer Aus- und Weiterbildung verhindern. Das bedeutet, daß zum Teil das *„schwierigste Klientel"* für eine schnelle Vermittlung (im Sinne einer Negativselektion) in die „aktive Arbeitssuche" geht. Aus diesem Grund wird die „aktive Arbeitssuche" von manchen TrainerInnen als das *„Schwierigste in der Stiftungsarbeit"* bezeichnet: Dies vor allem auch deswegen, weil bei den „länger zu betreuenden Personen" mit einer wachsenden Anzahl von Bewerbungen die Motivation und der Schwung, die noch aus der Berufsorientierung mitgebracht werden, zurückgehen. Zusätzlich werden gerade in diesem Bereich auch häufig Defizite bezüglich der Inhalte und der Gestaltung der Maßnahme geortet.

Die in den Konzepten festgeschriebenen Inhalte sind neben der direkten Suche nach einem neuen Arbeitsplatz das „Erkennen eigener Stärken und Schwächen", das „Bewerbungstraining" und die „Verbesserung der individuellen Marketingstrategien". Zusätzlich sollen „mindestens einmal wöchentlich" Seminare und Trainings in Hinsicht auf „Schlüsselqualifikationen", „Kommunikation", „Time- und Selfmanagement" etc. oder Strategien zum Auffangen eines „drohenden Absinkens in die Arbeitslosenhaltung"[82] angeboten werden. Die Alltagspraxis der „aktiven Arbeitssuche" unterscheidet sich allerdings deutlich von den Konzeptvorgaben.[83]

82 Siehe dazu zum Beispiel das Konzept der AUFLEB für die „Jobsuche" in: Unterlagen zum ExpertInnentreffen „Branchenstiftung". Baden, Februar 1996, erstellt von der ÖSB.

83 Auch wenn zum Teil die Begründung, daß zu wenige TeilnehmerInnen für eine Gruppenbildung vorhanden sind, nachvollziehbar ist, so läßt der Umstand, daß für die „aktive Arbeitssuche" kein eigener Budgetposten ausgewiesen ist, doch auch auf eine mangelnde Beachtung dieser Option von vornherein schließen.

Individuelles Coaching

Die in mehr oder minder größeren zeitlichen Abständen stattfindende Betreuung obliegt den regionalen StiftungsmanagerInnen oder wird an sonstige StiftungsmitarbeiterInnen, die oft keine Fachkräfte sind, delegiert. Betreuungsintensität und Unterstützungsleistungen werden von den TeilnehmerInnen eher kritisiert:[84] *„Wie der Kurs aus war [vier Wochen Jobsuche im Rahmen der Berufsorientierung], haben wir alle acht Tage einmal kommen müssen: Wir haben uns jeden Tag irgendwo bewerben und das dann vorzeigen müssen.* [...] *Das waren Einzeltermine, das Gespräch hat eine gemacht, die keine Trainerin, sondern eine von uns war."* (Frau X., 49 Jahre, Hilfsarbeiterin)

„Aktive Arbeitssuche" im Gruppenrahmen

Dafür wird zumeist ein/e eigene/r Trainer/in beauftragt – die Anzahl der Tage, an denen die Gruppe zusammenkommt, variiert. In manchen Bundesländern erfüllen diese Aufgaben auch die TrainerInnen der Berufsorientierung im Anschluß an die Erarbeitung der „Karrierepläne". Der Umstand, daß die „aktive Arbeitssuche" noch wenig strukturiert und ausgereift ist, wird auch an ständigen Neuerungen in bezug auf die Anzahl der Gruppentage und die Anwesenheitspflicht ersichtlich: Von einem „freiwilligen Angebot" bis hin zu täglichen oder mehrmalig in der Woche oder noch seltener stattfindenden verpflichtenden Gruppentagen reicht die diesbezügliche Palette. Für manche TeilnehmerInnen erscheinen tägliche Treffen als überzogen, vor allem wenn neben dem täglichen Bewerben kein zusätzliches Programm angeboten wird. Andere wiederum empfinden ein oder zwei Treffen in der Woche als zuwenig Unterstützung und Erfahrungsaustausch, vor allem wenn weder ein arbeitsfähiges Gruppenklima entsteht, noch ein erkennbar strukturiertes Angebot vorliegt: *„Da ist ein jeder irgendwie nervös hingekommen, hat Zeitung gelesen, geschaut, geschrieben, und telefonieren haben wir dürfen, Firmen anrufen. Da war eh ein jeder mit sich beschäftigt, da war keine Zeit für was anderes. Es wäre schon wichtig, daß die Trainerin mehr Zeit für Fälle hat, die es brauchen."* (Herr J., 45 Jahre, Müller)

Derartige Schilderungen verraten, daß es sich bei der „aktiven Arbeitssuche" häufig um eine nur graduell intensivere Betreuung als durch

84 In diesem Zusammenhang haben einige der Interviewten, die eine lange Anreise hatten, von sich aus die „aktive Arbeitssuche" verlassen, vor allem wenn für sie die erhaltene Unterstützung in keinem Verhältnis zum Aufwand an Zeit und Kosten stand.

RGS-BetreuerInnen handelt.[85] Gerade weil die „aktive Arbeitssuche“ aber oft ein Auffangbecken für Personen mit geringen Vermittlungschancen darstellt, müßte für dieses Klientel vermehrt Unterstützung geleistet werden. Manche TrainerInnen sprechen gerade für diesen Bereich von der Notwendigkeit eines quasi „semitherapeutischen“ Zugangs mit der wichtigen Funktion, neben den intensiven Suchaktivitäten auch die persönlichen Voraussetzungen und die erfolgten Rückschläge im Auge zu behalten, um einen *„gewissen Schwung, eine positive Grundstimmung und eine hohe Motivation aufrechterhalten“* zu können.[86] Eine für eine täglich in Gruppenform stattfindende „aktive Arbeitssuche“[87] eingesetzte Trainerin führt folgende Möglichkeiten an: *„Da muß man immer schauen, was für den jeweiligen eigentlich paßt, wo einer seine Blockaden hat, wo man unterstützen kann. Manchmal rufe ich halt selbst bei Firmen an, helfe bei Bewerbungsschreiben in einem gewissen Ausmaß. Und immer wieder wird geschaut, wie man sich im Vergleich zu anderen positiver darstellen und herausarbeiten kann, was man besser kann. Und wenn einer sich vorstellen war, dann tun wir das ein bisserl hinterfragen, und ich merke dann immer wieder, daß viele Leute sich gar nichts zutrauen: Die sind einfach deprimiert, haben sehr viele Bewerbungen geschrieben und nur Ablehnungen bekommen und dann Annoncen für dieselben Stellen in der Zeitung gelesen.* [...] *Wichtig ist mir eine gute Stimmung, daß jeder sagen kann, was ihn bewegt – also, es darf nicht steif hergehen. Um wieder Schwung reinzubringen, mache ich zum Beispiel Phantasiereisen, Visionsarbeit, Lerntechnik, Rhetorik, einen neuen Test oder ein Brainstorming; und manchmal ist auch das Konfrontieren ganz wichtig, wenn man merkt, daß jemand Angst hat, daß man solche Sachen in der Gruppe zum Thema macht.“*

Die TeilnehmerInnen

Vor dem Hintergrund der skizzierten Praktiken sind auch die Ergebnisse der TeilnehmerInnenbefragung zu sehen. Insgesamt geben 439 Personen an, an der „aktiven Arbeitssuche“ teilgenommen zu haben

85 Zum Teil berichten die TeilnehmerInnen auch von Auflagen in der „aktiven Arbeitssuche“ hinsichtlich der Zahl der pro Woche abzusendenden Bewerbungsschreiben.

86 Bei der AUFLEB wurde diesbezüglich ein Versuch gestartet, der auf erlebnispädagogischen Ansätzen beruht. Allerdings konnte zum Zeitpunkt der Interviews noch kein/e Gesprächspartner/in über diesbezügliche Erfahrungen berichten.

87 Vormittags findet in der Regel eine Gruppenbetreuung statt, der Nachmittag ist für Vorstellungsgespräche oder sonstige individuell zu erledigende Erkundigungen und Aufgaben vorgesehen.

beziehungsweise teilzunehmen. Umgelegt auf die Gesamtstichprobe bedeutet das, daß bislang über 40 % aller TeilnehmerInnen die „aktive Arbeitssuche“ in Anspruch genommen haben. Schon allein diese Anzahl weist darauf hin, welch wichtiger Stellenwert diesem Bereich im Rahmen der Stiftungsarbeit zukommt, auch wenn dies durch die derzeitige Strukturierung und die gegebenen Aktivitäten kaum zum Ausdruck kommt.

Die Gründe für die Wahl sind mannigfaltiger Natur. Ein erster Grund bezieht sich auf den bislang ausgeübten Beruf: Über die Hälfte der Befragten (51 %) will im bisherigen Beruf weiterarbeiten; immerhin 28 % glauben, daß für ihren Beruf eine Nachfrage am Arbeitsmarkt besteht. In überdurchschnittlichem Ausmaß geben das Personen in Leitungsfunktionen, FacharbeiterInnen und HilfsarbeiterInnen an. 57 % begründen die Wahl der „aktiven Arbeitssuche“ mit dem Wunsch, schnell wieder irgendeine Arbeit ausüben zu wollen; 36 % geben an, daß dies vor allem aufgrund eines finanziellen Druckes notwendig sei. Dieser Grund wird in überdurchschnittlichem Ausmaß von Personen in Niedrigqualifikationsbereichen sowie von Frauen und Personen zwischen 31 und 40 Jahren geäußert. Weitere Ursachen für die Wahl liegen im „Alter“ (35 %), im fehlenden regionalen Ausbildungsangebot (21 %) und im fehlenden allgemeinen Interesse für eine Aus- oder Weiterbildung (20 %). 57 % der TeilnehmerInnen entschieden sich im Anschluß an eine kurze Aufschulung oder eine Aus- und Weiterbildung dafür.

Gründe für die Wahl

Mehrfachantworten	AUFLEB		AUSPED		insgesamt	
derzeitiger Beruf nachgefragt	75	34,4 %	46	21,1 %	121	27,8 %
will im bisherigen Beruf weiterarbeiten	129	59,2 %	94	43,1 %	223	51,1 %
kein Interesse an Weiterbildung	49	22,5 %	40	18,3 %	89	20,4 %
keine Ausbildungsmöglichkeit in Region	45	20,6 %	45	20,6 %	90	20,6 %
zu alt für Ausbildung	80	36,7 %	73	33,5 %	153	35,1 %
will schnell irgendeine Arbeit	122	56,0 %	125	57,3 %	247	56,7 %
finanzieller Druck	77	35,3 %	80	36,7 %	157	36,0 %
im Anschluß an eine Ausbildung	127	58,3 %	120	55,0 %	247	56,7 %
insgesamt	218		218		436	

Als BetreuerInnen (Mehrfachantworten) nennen 41 % die TrainerInnen aus der Berufsorientierung (vergleichsweise viele in Kärnten und Vorarlberg), 20 % „neue“ TrainerInnen (sehr viele in Wien) und 44 % „sonstige“ StiftungsmitarbeiterInnen (überdurchschnittlich viele in Suben, Salzburg, der Steiermark und Vorarlberg). Häufig sind das die ManagerInnen, zum Teil aber auch Personen aus der Stiftung, die wenig spezielles Vorwissen für diese Maßnahme mitbringen, zum Beispiel StiftungsteilnehmerInnen, die beim Stiftungsträger in einem Praktikum oder für administrative Belange angestellt sind. Immerhin 11 % geben an, daß sie während der „aktiven Arbeitssuche“ auch von RGS-MitarbeiterInnen (häufig in Tirol) betreut wurden. Die Dauer der „aktiven Arbeitssuche“ beträgt zum Erhebungszeitraum bei beinahe einem Drittel bereits mehr als die maximal vorgesehenen vier Monate – allerdings sind hier auch die Praktika inkludiert, die in dieser Zeit als „Einstiegshilfe“ absolviert werden.

Betreuungsformen und -personen, Dauer und Gruppengröße

	AUFLEB		AUSPED		insgesamt	
Betreuungsform (Mehrfachantworten)						
Treffen in Gruppe mehrmals die Woche	63	29,6 %	96	43,2 %	159	36,6 %
Treffen in Gruppe einmal die Woche	32	15,0 %	36	16,2 %	68	15,6 %
Treffen in Gruppe einmal im Monat	14	6,6 %	26	11,7 %	40	9,2 %
Einzeltreffen mehrmals die Woche	5	2,3 %	10	4,5 %	15	3,4 %
Einzeltreffen einmal die Woche	21	9,9 %	25	11,3 %	46	10,6 %
Einzeltreffen nach Vereinbarung	86	40,4 %	72	32,4 %	158	36,3 %
keine Betreuung	27	12,7 %	11	5,0 %	38	8,7 %
andere Betreuungsformen	21	9,9 %	16	7,2 %	37	8,5 %
insgesamt	213		222		435	
Betreuungsperson (Mehrfachantworten)						
BO-TrainerIn	81	42,4 %	85	39,7 %	166	41,0 %
neue TrainerIn	42	22,0 %	39	18,2 %	81	20,0 %
StiftungsmitarbeiterIn	72	37,7 %	105	49,1 %	177	43,7 %
AMS-MitarabeiterIn	21	11,0 %	25	11,7 %	46	11,4 %
insgesamt	191		214		405	
Dauer						
1 bis 2 Monate	81	41,8 %	75	33,8 %	156	37,5 %
3 bis 4 Monate	51	26,3 %	63	28,4 %	114	27,4 %
5 bis 8 Monate	52	26,8 %	51	23,0 %	103	24,8 %
9 bis 12 Monate	10	5,2 %	18	8,1 %	28	6,7 %
13 bis 16 Monate			11	5,0 %	11	2,6 %
17 bis 20 Monate			4	1,8 %	4	1,0 %
insgesamt	194	100,0 %	222	100,0 %	416	100,0 %
Gruppengröße						
weniger als 10 Personen	43	42,2 %	50	33,1 %	93	36,8 %
zwischen 10 und 15 Personen	50	49,0 %	79	52,3 %	129	51,0 %
zwischen 16 und 20 Personen	8	7,8 %	19	12,6 %	27	10,7 %
mehr als 21 Personen	1	1,0 %	3	2,0 %	4	1,6 %
insgesamt	102	100,0 %	151	100,0 %	253	100,0 %
Einschätzung der Gruppengröße						
zu groß	9	8,0 %	23	15,2 %	32	12,2 %
passend	96	85,7 %	126	83,4 %	222	84,4 %
zu klein	7	6,3 %	2	1,3 %	9	3,4 %
insgesamt	112	100,0 %	151	100,0 %	263	100,0 %

„Einstiegshilfe" Praktikum

Eine wesentliche Hilfe bilden betriebliche Praktika zur Unterstützung der Vermittlungsbemühungen. Besonders für Ältere, Personen mit höheren Gehaltsvorstellungen oder solchen mit geringen praktischen Erfahrungen im angestrebten Beruf soll durch den *„Schuhlöffel Praktikum"* – so ein Trainer – das *„Hineinrutschen in die Wirtschaft"* erleichtert werden. Der wesentliche Vorteil der Praktika liegt für die ArbeitnehmerInnen darin, daß sie oft erst dadurch eine Chance bekommen, ihre Fähigkeiten und Kenntnisse zu zeigen beziehungsweise stereotype Zuweisungen wie „zu alt", „zuwenig flexibel" etc. zu widerlegen. Die ArbeitgeberInnen wiederum erhalten durch die Praktika die Möglichkeit, die Eignung der BewerberInnen kostengünstig zu überprüfen.[88]

Insgesamt hat knapp über die Hälfte der TeilnehmerInnen der „aktiven Arbeitssuche" (53 %) in diesem Rahmen mindestens ein Praktikum absolviert. Von diesen PraktikantInnen geben 48 % an, daß es für sie eher schwierig war, einen Praktikumsplatz zu finden. Vermehrte Schwierigkeiten geben sowohl Personen unter 30 Jahren als auch über 50 Jahren, TeilnehmerInnen der AUSPED, Pflichtschul-, AHS- und BHS-AbsolventInnen sowie Angestellte im letzten Dienstverhältnis vor dem Stiftungseintritt an.

Oft werden die schlechten Kontakte von TrainerInnen und StiftungsmitarbeiterInnen zu den Wirtschaftsbetrieben, die fehlende Unterstützung bei der Suche nach Praktikumsplätzen und mangelnde Kenntnisse der Betriebe über die Modalitäten eines Praktikums – dies als eine Folge mangelnder PR-Aktivitäten durch die Stiftung[89] – beklagt. 47 % geben an, daß sie durch das Praktikum zu einem neuen Arbeitsplatz gekommen sind, wobei die Anzahl derer, die zu einem neuen Arbeitsplatz kommen, mit dem Alter abnimmt: von 57 % bei den unter 30jährigen auf nur mehr 38 % bei den über 50jährigen. Weitere 3 %, die zum Erhebungszeitpunkt noch im Praktikum waren, haben Aussicht auf einen neuen Arbeitsplatz. 76 % haben dadurch Kenntnisse für die neue

88 Erleichtert wird dies dann, wenn zwischen potentiellen ArbeitgeberInnen und den Stiftungsverantwortlichen gute Verbindungen und Kontakte bestehen. Nach Aussagen sowohl von ManagerInnen und TrainerInnen als auch TeilnehmerInnen sind gerade die Betriebskontakte noch ausbaufähig.

89 So sieht zum Beispiel ein Teilnehmer den *„Verkauf von Praktika als unbürokratische, schnelle Hilfe für die Betriebe"* und als mögliches Ausgleichsmittel für die bislang eher *„mangelhaften Angebote seitens der Stiftung für Ältere"*. Notwendig dafür sei aber aus seiner Sicht die Schaffung von *„Betriebskontaktereferaten"* in den Stiftungen.

berufliche Praxis gewonnen. Immerhin 23 % geben an, daß sie durch das Praktikum für den Berufsweg nicht profitiert hätten.
Probleme können in seltenen Fällen dann auftreten, wenn eine Firma von vornherein ein Arbeitsverhältnis statt eines Praktikums bevorzugt, TeilnehmerInnen jünger als 50 Jahre sind und das Arbeitsverhältnis in der Anfangsphase wieder gelöst wird. Die betroffenen TeilnehmerInnen haben in diesem Fall weder die Möglichkeit einer Erprobung noch die Möglichkeit zur Rückkehr in die Stiftung.
Einer grundsätzlichen Öffnung der Stiftung für einen Wiedereintritt aller TeilnehmerInnen wird von ManagerInnen und TrainerInnen allerdings eine gewisse Skepsis entgegengebracht, weil ein Rückgang der Motivation der TeilnehmerInnen zum *„Durchbeißen“* befürchtet wird.

Ein Praktikum als Einstiegshilfe

	AUFLEB		AUSPED		insgesamt	
Praktikum absolviert?						
nein	90	44,8 %	107	48,2 %	197	46,6 %
ja	111	55,2 %	115	51,8 %	226	53,4 %
insgesamt	201	100,0 %	222	100,0 %	423	100,0 %
Anzahl der Praktika						
1 Praktikum	80	72,7 %	80	71,2 %	160	72,4 %
2 Praktika	24	21,8 %	22	19,8 %	46	20,8 %
3 oder 4 Praktika	6	5,5 %	9	8,1 %	15	6,8 %
insgesamt	110	100,0 %	111	100,0 %	221	100,0 %
Schwierigkeiten, ein Praktikum zu finden						
ja, eher schon	42	39,6 %	61	56,5 %	103	48,1 %
nein, eher nicht	64	60,4 %	47	43,5 %	111	51,9 %
insgesamt	106	100,0 %	108	100,0 %	214	100,0 %
Effekte des Praktikums (Mehrfachantworten)						
Praxis für Beruf erworben	76	76,8 %	81	75,7 %	157	76,2 %
Arbeitsplatz bekommen	50	50,5 %	46	43,0 %	96	46,6 %
Aussicht auf Arbeitsplatz bekommen	7	6,5 %			7	3,4 %
für Berufsweg nicht profitiert	19	19,2 %	29	27,1 %	48	23,3 %
insgesamt	99		107		206	

Inhalte und Nutzen für die TeilnehmerInnen

Die Inhalte der Gruppen- oder Einzeltreffen werden von den TeilnehmerInnen[90] wie folgt beschrieben: „Schreiben von Bewerbungen“, „Vorschau auf geplante Aktivitäten“, „Besprechen des Befindens“,

90 Hier wie für die folgende Variable sind nur die zustimmenden Antworten in der Tabelle angegeben – die Differenz auf 100 % sind die Kategorien „stimmt eher nicht“ und „stimmt nicht“.

„Erfahrungsaustausch“ und „Besprechung organisatorischer Fragen“. Im Hinterfeld der Angaben finden sich Hinweise auf interessante Stellenangebote (immerhin auch noch 67 %), Bewerbungstrainings und -tips (66 %) sowie „auflockernde Inhalte zwischendurch“ (56 %). Es ist nicht verwunderlich, daß die Bewertung des Nutzens der „aktiven Arbeitssuche“ schlechter ausfällt als die Bewertung anderer Maßnahmen. Die größte Zustimmung findet die Motivation zur Aktivität mit 74 %; für 69 % wird eine „positive Grundstimmung“ erzeugt, 60 % heben die „emotionale Unterstützung bei Enttäuschungen“ hervor. Aber auch negative Aussagen finden unter den TeilnehmerInnen eine hohe Zustimmung: 54 % glauben, daß die „Treffen hauptsächlich der Kontrolle“ dienen, 45 %, daß „sie wenig für die konkrete Arbeitssuche nutzen“, 26 %, daß sie „nicht sehr sinnvoll gestaltet sind“ (siehe Materialienband).

Inhalte und Nutzen der Treffen

Mehrfachantworten	AUFLEB		AUSPED		insgesamt	
Inhalte der Treffen						
Hinweise auf interessante Stellenangebote	118	63,8 %	148	70,5 %	266	67,3 %
Rückschau auf Aktivitäten	107	57,8 %	145	69,0 %	252	63,8 %
Vorschau auf Aktivitäten	137	74,1 %	155	73,8 %	292	73,9 %
Erfahrungsaustausch	112	60,5 %	162	77,1 %	274	69,4 %
Besprechung organisatorischer Fragen	136	73,5 %	137	65,2 %	273	69,1 %
Bewerbungsschreiben	131	70,8 %	169	80,5 %	300	75,9 %
Bewerbungstraining	126	68,1 %	136	64,8 %	262	66,3 %
auflockernde Inhalte	101	54,6 %	119	56,7 %	220	55,7 %
Besprechung des Befindens	127	68,6 %	151	71,9 %	278	70,4 %
insgesamt	185		210		395	
Nutzen der Treffen						
dienen hauptsächlich der Kontrolle	95	50,3 %	121	56,8 %	216	53,7 %
nützen wenig für konkrete Arbeitssuche	67	35,4 %	113	53,1 %	180	44,8 %
emotionale Unterstützung	112	59,3 %	127	59,6 %	239	59,5 %
erhöhen Motivation	145	76,7 %	154	72,3 %	299	74,4 %
positive Grundstimmung	134	70,9 %	145	68,1 %	279	69,4 %
nicht sehr sinnvoll gestaltet	36	19,0 %	68	31,9 %	104	25,9 %
insgesamt	189		213		402	

Im August 1996 ist knapp die Hälfte der TeilnehmerInnen (47 %) in der „aktiven Arbeitssuche“ bereits aus der Stiftung ausgetreten; bei der AUFLEB nehmen noch 61 %, bei der AUSPED noch 33 % teil. Den häufigsten Grund für den Austritt aus der Stiftung stellt die Arbeitsaufnahme mit ca. 73 % dar.

Der Anteil an Arbeitsaufnahmen sinkt mit der Dauer des Verbleibs in der „aktiven Arbeitssuche“: Personen, die innerhalb von zwei Monaten die „aktive Arbeitssuche“ wieder verlassen, tun dies zu 89 % wegen einer Arbeitsaufnahme; bei Personen, die zwischen dem fünften und achten Monat aus der „aktiven Arbeitssuche“ ausscheiden, sind es nur mehr 71 %.

Verbesserungsvorschläge

Inhalte der Betreuung

- Verbesserung der Strukturierung und konzeptionelle Auffüllung der Inhalte: „aktive Arbeitssuche“ als Training mit verschiedenen Methoden (Kommunikationstraining, Rhetorik, Visualisierung, Lerntechniken), nicht nur *„Sammeln von Vorstellungsbestätigungen“;*
- „semitherapeutischer“ Zugang bei besonders Demotivierten: entweder besondere Betreuung oder (freiwilliger) Miteinbezug von externen Angeboten (Schulden-, Sucht-, Familienberatung etc.);
- nochmalige genaue Zielsetzungsarbeit (Überprüfung des Zieles, Beleuchten der Hindernisse, Erarbeiten neuer Möglichkeiten, Aufzeigen von positiven Beispielen aus der Praxis, Bewußtmachen und Verstärken von Teilerfolgen);
- verstärktes gruppendynamisches Motivationstraining und stützende Einzelgespräche;
- gewisse Betreuung und Kontrolle während der Praktika etc. durch die Stiftung.

Kontakte zur Wirtschaft, Wissen um den regionalen Arbeitskräftebedarf

- Aufbau eines Netzwerkes mit Arbeitgebern, Schulungsinstitutionen, RGS und anderen Beschäftigungsprojekten in der Region sowie Verknüpfung und Zusammenfassung des jeweiligen ExpertInnenwissens (inklusive der Ergebnisse der Markt- und Betriebsanalysen sowie der TeilnehmerInnenkontakte zu Betrieben über formalisierte Betriebsblätter/daten) zu strukturierten Unterlagen über die regionale Wirtschaft und ihren Bedarf;
- stärkere „Vermarktung“ des Praktikums in Richtung der regionalen Unternehmen einschließlich ausreichender Erklärung der Praktikumsmodalitäten;
- Herausgabe eines schriftlichen Merkblattes über die Regelung eines Praktikums für Bewerbungsgespräche, Nennung von Ansprechpartnern in der Stiftung zur genauen Klärung;
- Herausgabe eines regelmäßigen „Kataloges“ des Stiftungsangebotes an die Wirtschaft: Arbeitssuchende und ihre Qualifikationen;

- aktuellere und zugänglichere Jobbörse;
- mehr Unterstützung bei der Arbeits- und Praktikumssuche;
- Erarbeitung von „Einstiegshilfen“ in Form alternativer Beschäftigungsformen, zum Beispiel in Sozialökonomischen Betrieben;
- intensive Zusammenarbeit mit dem AMS.

Organisation, zeitlicher Rahmen

- Abhalten von „Sprechtagen“ der BetreuerInnen in abgelegeneren Regionen, wenn keine Gruppenbetreuung stattfindet (Zeitaufwand für Fahrt zu Einzelterminen steht oft in keinem Verhältnis zum Nutzen);
- Anmietung von Räumlichkeiten mit Basis-Infrastruktur (PC, Kopierer etc.) in entlegenen Standorten (zum Teil Selbstorganisation);
- Beseitigung von Unklarheiten über maximale Verbleibdauer in der „aktiven Arbeitssuche“;
- Fixierung der Dauer im „Karriereplan“ beziehungsweise Fixierung von Check-up-Terminen (wöchentlich), Verbindlichkeit bezüglich Anwesenheit;
- Herstellung einer Schnittstelle zur Berufsorientierung: fließender Übergang mit denselben TrainerInnen oder Einladung der späteren Betreuungspersonen noch in der letzten BO-Woche;
- prinzipiell Gruppenbetreuung mit verpflichtender Anwesenheit (Anzahl der Treffen flexibel) und intensiver Betreuung.

6.5 Gründungen – Strategie am Rande der Stiftung?

Die „Gründungsschiene“ steht vor allem im Kontext des allgemein wirtschafts- und beschäftigungspolitisch forcierten Versuches, die Motivation zu und die Förderung von Klein- und Mittelbetriebsgründungen zu erhöhen. Die Gründungsberatung und -unterstützung im Rahmen der Arbeitsmarktpolitik[91] und der Stiftungsarbeit ist ein Versuch, diesen allgemeinen Leitlinien zu einer praktischen Umsetzung

91 In einzelnen Bundesländern haben zum Beispiel die Landesgeschäftsstellen Verträge mit GründungsberaterInnen abgeschlossen, um die Gründungsberatung allen interessierten Arbeitslosen anbieten zu können. Es ergibt sich das kuriose Bild, daß das Arbeitsmarktservice vermehrt die Förderung von Unternehmensgründungen betreibt, wobei die Vertretung der Wirtschaft oft eher wenig gezielte Unterstützung anbietet. Kritisiert werden weiters die geringen Förderungen durch die öffentliche Hand, die kaum in einem Verhältnis stünden, vor allem weil fast alle Förderungen auf bauliche und maschinelle Investitionen ausgerichtet seien, die bei vielen der geplanten Gründungen kaum ein größeres Gewicht haben.

zu verhelfen, und wird gemeinhin auch als mögliches Bindeglied zur Regionalentwicklung und Beschäftigungsprojekten am zweiten Arbeitsmarkt gesehen. Vor allem für das Arbeitsmarktservice und die mit ihm kooperierenden Stiftungsträger ist diese Schiene geeignet, auf wachsende Arbeitslosigkeit nicht nur mit Qualifikation und verstärkten Vermittlungsaktivitäten zu reagieren, sondern auch im Bereich der Schaffung von Arbeitsplätzen Akzente zu setzen.[92]

Modelle der Gründungsbetreuung und -beratung

In den beiden Branchenstiftungen finden Gründungsaktivitäten jedoch nur marginal statt. Das Gründungsprozedere ist in den Stiftungskonzepten festgeschrieben und reicht einheitlich von der Ideenabklärung über die Erstellung eines genehmigungspflichtigen Projekt-/Gründungsbogens als Basis für die weitere Unterstützung in der Stiftung bis hin zur Finanzierung notwendiger Ausbildungen, diverser Konzessionsprüfungen und der Erstellung eines bankfähigen Feinkonzepts. Die in den Bundesländern praktizierte Gründungsberatung ist hingegen – bedingt auch durch die unterschiedliche Anzahl von InteressentInnen – in der alltäglichen Stiftungsarbeit höchst unterschiedlich aufgebaut.
Bei einem Modell erfolgt die Gründungsberatung zunächst in der BO-Gruppe; die Gruppe wird in die Überlegungen bezüglich Ideenentwicklung, Machbarkeit und Chancenabwägung einbezogen. Potentielle GründerInnen verbleiben in der BO-Gruppe. Die über die erste Ideenentwicklung und -überprüfung hinausgehende fachliche Unterstützung in Hinsicht auf die Entwicklung des Projektbogens und die Umsetzung der geplanten Arbeitsschritte werden entweder – je nach dem Vorhandensein der fachlichen Kompetenz – durch die BO-TrainerInnen, durch regionale StiftungsmanagerInnen selbst, durch eigens für Gründungen zuständige TrainerInnen des regionalen Stiftungsträgers oder durch beigezogene externe ExpertInnen (WK,WIFI, ÖSB) in Einzelberatung geleistet.
Im anderen Fall werden nach einer Abklärungszeit über die beruflichen Zielrichtungen potentielle GründerInnen im Rahmen der BO-Maßnahme zu sogenannten „Job-creation“-Gruppen zusammengezogen; sie erarbeiten das weitere Prozedere für den Gründungsbogen. Die par-

92 Wobei die Verkürzung der Bezugsdauer von Arbeitslosengeld beziehungsweise die Gewährung desselben für viele potentielle GründerInnen nur mehr bis zum Zeitpunkt der Anmeldung des Gewerbes eine Erschwernis darstellt, weil sie bisher vor allem den finanziellen Hintergrund in der Startphase als wesentliche Hilfestellung erlebten.

allel zur sonstigen Berufsorientierung laufende „Job-creation“ endet in der Regel mit einem (fast) bankfähigen Konzept; daneben wird auch ein Alternativplan für den Fall des Scheiterns der Bemühungen oder der Nichtgenehmigung der weiteren geplanten Schritte (diverse Kursausbildungen, Unternehmerakademie etc.) durch das AMS oder die Stiftung selbst entwickelt: *„Das Grobkonzept ist durchaus schon bankfähig. Ich habe einen fast auf den Schilling genau berechneten Finanzplan, einen Zeitplan bis zum Stiftungsaustritt, eine Marktanalyse und eine komplette Beschreibung der Produktpalette.“* (Herr A., 39 Jahre, Zolldeklarant) Die weitere Umsetzung bis hin zur Gründung erfolgt zum Großteil in Einzelarbeit ohne fachliche Betreuung durch die Stiftung beziehungsweise ohne einen weiteren Erfahrungsaustausch[93] mit anderen „GründerInnen“. Für spezifische Probleme bei der Umsetzung holen sich die Gründungswilligen punktuelle Hilfestellungen bei externen ExpertInnen.[94]

Eine „Mischform“ der beiden genannten Ansätze stellt das Modell dar, bei dem die potentiellen GründerInnen zwar in der BO-Gruppe verbleiben, parallel dazu aber in regelmäßigen Abständen Unterstützung und Beratung durch GründungsberaterInnen im Rahmen einer Gründungsgruppe bekommen. Diese trifft sich in regelmäßigen Abständen (2–3 Wochen) und wird nach der Genehmigung des „Karriereplanes“ (inklusive eines „Chancenchecks“ durch ExpertInnen) fortgesetzt. Diese Betreuung kann auch nach erfolgter Gründung solange genutzt werden, bis die festgeschriebenen Grenzwerte bezüglich des erzielten Gewinnes und/oder Umsatzes[95] erreicht werden. Erst zu diesem Zeitpunkt „müssen“ die GründerInnen aus der Stiftung ausscheiden. *„Also, das tut mir immer gut, wenn man mit anderen über die Probleme reden kann, die auftauchen, besprechen kann, welche Alternativen man hat, welche Möglichkeiten es gibt. Und dann halten wieder irgendwelche Fachleute Referate oder so* [...]. *Laufen muß man dann selber.* [...]

93 Dieser wird von den befragten GründerInnen durchaus als sinnvoll, zum Teil auch als zeitsparend und motivierend bezeichnet.

94 Besonders die ExpertInnen der Wirtschaftsvertretung, ausgewählte beziehungsweise zugewiesene UnternehmensberaterInnen (zum Beispiel im Rahmen der Jungunternehmerförderung) und spezielle ExpertInnen von diversen Behörden bekommen dabei von den befragten Gründungswilligen ein eher schlechtes „Zeugnis“ ausgestellt: Bemängelt wird das Engagement und das zum Teil fehlende Wissen für spezifische Auskünfte.

95 Diese werden – sowohl von den Gründungswilligen als auch von den GründungsexpertInnen vor allem im Handels- und Gaststättenbereich und bei gewissen Produktionen, bei denen schnell ein hoher Umsatz ohne entsprechenden Gewinn erreicht wird – als zu niedrig angesehen.

Und jeder in der Gruppe erzählt halt von seinen Erfahrungen, wenn er bei einer Behörde war und was herausgefunden hat, damit die anderen vielleicht auch davon profitieren. Und vielleicht kann man später auch einmal mit einem ein Geschäft machen.“ (Frau P., 30 Jahre, Büroangestellte)

Gründungsvorhaben und Unterstützung durch die Stiftung

Aus der Auflistung der Gründungsvorhaben wird ersichtlich, daß es sich *„vor allem um bodenständige Ideen, weniger um was wirklich Innovatives“* handelt. Folgende Bereiche sind vertreten:

Gaststätten/Handel: Gasthaus (5), Bäckerei/Konditorei (3), Imbiß-/Würstelstand (2), Feinkostgeschäft (2), familienfreundliches Café („Erlebnisgastronomie“), Almwirtschaft, Sportfachhandel, selbständiger Fahrverkauf, Vertrieb von Reinigungsmittelzubehör.

Gewerbe/Produktion: Tischlerei, Schlosserei, Fotograf, mobile Landmaschinenwerkstätte, mechanisches Anlagenservice, Kaltlichttechniksolarien.

Dienstleistungen: Spedition/Konsulent für Speditionslogistik (2), EDV-Datenvermittlung (2), Unternehmensberatung (2), Reiseleitungsgewerbe, Getränkeautomatenaufstellung, Taxi, Immobilienbüro, Yachtcharter, persönliche Dienstleistungen (Besorgung, Gartenpflege etc.), PR-Beratung, Massage, GesundheitstrainerIn.

Landwirtschaftlicher Bereich: fahrender Schlachthof – Biofleischvertrieb, Schafzucht und Käserei, Agrarmarketing, Direktvermarktung, Beratung (Konsulent) für technische Fragen in der Landwirtschaft, Junggemüsepflanzenzucht.

Insgesamt entschließen sich beinahe 5 % der TeilnehmerInnen für die Möglichkeit einer Gründung. Über ihre Motive, die Form und die Bewertung der Gründungsunterstützung in der Stiftung sowie den aktuellen Stand der Gründungsaktivitäten liefert die Tabelle auf Seite 104 einen Überblick.

Die Idee oder das Vorhaben sich selbständig zu machen, ist bei zwei Dritteln (67 %) der GründerInnen schon (lange) vor dem Stiftungseintritt vorhanden. Für 45 % bot die Stiftung eine gute Gelegenheit für einen Umsetzungsversuch.[96] Für einen Teil der GründerInnen kam

96 Zum Teil gehen die GründerInnen gerade deswegen in die Stiftung, weil sie in der Vorinformation bereits über die Gründungsschiene informiert wurden. Ohne die Stiftung, so ein Gutteil der befragten GründerInnen weiter, hätten sie diesen Schritt niemals unternehmen können. Besonders die „finanzielle Grundversorgung“ in der Zeit der Entwicklung und ersten Umsetzung wird als unabdingbar für den Gründungsentschluß bezeichnet.

Motive, Information, Unterstützung und aktueller Stand

	AUFLEB		AUSPED		insgesamt	
Motive (Mehrfachantworten)						
wollte immer schon selbständig sein	23	76,7 %	5	41,7 %	28	66,7 %
gute Gelegenheit	12	40,0 %	7	58,4 %	19	45,2 %
durch Info in BO angeregt	13	43,3 %	3	25,0 %	16	38,1 %
von KollegInnen in Stiftung Anstoß bekommen	3	10,0 %	1	8,3 %	4	9,5 %
durch Kennenlernen eigener Fähigkeiten in BO	6	20,0 %	1	8,3 %	7	16,7 %
insgesamt	30		12		42	
Zeitpunkt der Gründungsinformation						
vor Eintritt in Stiftung	14	45,2 %	4	44,4 %	18	45,0 %
bereits in Stiftung	17	54,8 %	5	55,6 %	22	55,0 %
insgesamt	31	100,0 %	9	100,0 %	40	100,0 %
Unterstützungsart						
eigene Gründergruppe	4	13,3 %	2	22,2 %	6	15,4 %
BO und zusätzliche Beratung	16	53,3 %	5	55,6 %	21	53,8 %
Einzelbetreuung/keine BO	10	33,3 %	2	22,2 %	12	30,8 %
insgesamt	30	100,0 %	9	100,0 %	39	100,0 %
unterstützende Personen (Mehrfachantworten)						
TrainerInnen für Gründung	8	26,7 %	2	16,7 %	10	23,8 %
BO-TrainerInnen	18	60,0 %	4	33,3 %	22	52,4 %
externe Institution	15	50,0 %	6	50,0 %	21	50,0 %
insgesamt	30		12		42	
Grad der Unterstützung						
sehr umfassend bis umfassend	14	43,8 %	1	9,1 %	15	34,9 %
mittel	14	43,8 %	5	45,5 %	19	44,2 %
mangelhaft bis sehr mangelhaft	4	12,5 %	5	45,5 %	9	20,9 %
insgesamt	32	100,0 %	11	100,0 %	43	100,0 %
aktueller Stand der Gründung						
Gründung in Vorbereitung	18	64,3 %	8	66,7 %	26	65,0 %
Gründungsidee in Vorbereitung verworfen	4	14,3 %	2	16,7 %	6	15,0 %
Gründung durchgeführt, Unternehmen besteht noch	5	17,9 %	2	16,7 %	7	17,5 %
Gründung durchgeführt, Unternehmen besteht nicht mehr	1	3,6 %			1	2,5 %
insgesamt	28	100,0 %	12	100,0 %	40	100,0 %
Derzeit noch in der Stiftung?						
ja	25	83,3 %	6	50,0 %	31	73,8 %
nein	5	16,7 %	6	50,0 %	11	26,2 %
insgesamt	30	100,0 %	12	100,0 %	42	100,0 %

der Anstoß dazu erst in der Stiftung: durch die Gründungsinformation in der BO (38 %), durch die Entdeckung eigener Fähigkeiten in der Brufsorientierung (17 %) sowie über den Anstoß von KollegInnen in der Berufsorientierung (10 %). Ersichtlich wird hier eine impulssetzende Funktion in der Stiftung selbst, die von den befragten ExpertIn-

nen eher nicht erwartet wurde – zum Großteil sind diese davon ausgegangen, daß Gründungen nur versucht würden, wenn Personen die Idee dazu schon länger mit sich *„herumtragen"*.
Über die Hälfte der potentiellen GründerInnen hat die Berufsorientierung absolviert und daneben zusätzlich eine Gründungsberatung erhalten (54 %), 31 % haben nur eine Einzelberatung in Anspruch genommen und keine Berufsorientierung absolviert, 15 % wurden in einer eigenen Gründergruppe (Job-creation) auf die Gründung vorbereitet. Als unterstützende BeraterInnen in Hinsicht auf die Gründung nennen 52 % die BO-TrainerInnen, 50 % nehmen (auch) die Angebote externer Institutionen (zumeist der WK beziehungsweise des WIFI) in Anspruch, 24 % werden (auch) von stiftungsinternen GründungsexpertInnen beraten.
Zwei Drittel (65 %) der GründerInnen waren zum Erhebungszeitpunkt noch bei der Vorbereitung der Gründung in der Stiftung, 15 % während der Konzept- oder Umsetzungsarbeit von der Gründungsidee abgekommen. Als Gründe dafür werden sowohl Arbeitsaufnahmen in eben denjenigen Bereichen, in denen man die Gründung vornehmen wollte,[97] fehlende Chancen am Markt, der Finanzierungsaufwand sowie „interne Probleme" bei Gründungen von mehreren Personen gemeinsam genannt.
Mit der Qualität der Unterstützung und Beratung sind 35 % der GründerInnen sehr zufrieden, 44 % bezeichnen die Gründungsberatung als mittelmäßig, 21 % als mangelhaft. Dabei zeigt sich deutlich der Einfluß der Betreuungsform und der Betreuungspersonen: Am besten fällt die Beurteilung bei jenen Personen aus, die in einer Gründergruppe beziehungsweise von eigenen GründungsberaterInnen in der Stiftung auf die Gründung vorbereitet wurden. Die Hilfestellung durch externe BeraterInnen wird am schlechtesten bewertet. Das erklärt sich auch daraus, daß es sich dabei vor allem um punktuelle Erkundigungen und Absprachen und weniger um eine kontinuierliche Begleitung über die verschiedenen Phasen des Gründungsvorhabens hinweg handelt.
In acht Fällen (22 %) wurde die Gründung bereits durchgeführt, eine davon ist nach kurzer Zeit wiederum fallengelassen worden. Als Grund dafür wurde eine fehlerhafte Marktanalyse und eine darauf abgestimmte falsche Kalkulation genannt. Die Gründungsvorbereitung wird von den interviewten Personen zumeist als sehr langwierig

97 So wurde im Verlauf der Gründungsrecherchen einigen der Interviewten ein Arbeitsangebot unterbreitet.

bezeichnet. Immer wieder treten Verzögerungen auf, oft werden Probleme mit dem Finden von passenden Standorten und Räumlichkeiten, mit Behördengenehmigungen oder auch bei den letzten Finanzierungsverhandlungen erwähnt.[98]

Gründungsbetreuung und Beurteilung der Betreuung

Mehrfachantworten	Beurteilung der Gründungsberatung						insgesamt	
	umfassend		mittel		mangelhaft			
Unterstützungsart								
durch eigene Gründergruppe	3	50,0 %	3	50,0 %			6	100,0 %
BO und zusätzliche Beratung	10	41,7 %	11	45,8 %	3	12,5 %	24	100,0 %
Einzelberatung/keine BO	6	42,9 %	4	28,6 %	4	28,6 %	14	100,0 %
insgesamt	19	43,2 %	18	40,9 %	7	15,9 %	44	100,0 %
Beratungsperson								
TrainerIn extra für Gründung	8	61,5 %	3	23,1 %	2	15,4 %	13	100,0 %
BO-TrainerIn	8	32,0 %	14	56,0 %	3	12,0 %	25	100,0 %
externe Institution	7	33,3 %	9	42,9 %	5	23,8 %	21	100,0 %
insgesamt	18	39,1 %	19	41,3 %	9	19,6 %	46	100,0 %

Verbesserungsvorschläge

Die Verbesserungsvorschläge zielen auf zwei allgemeine Mängel: Einerseits sollte durch gezielte und verbesserte Erstinformation über die Gründungsmöglichkeit und unterstützende Methoden der Ideenfindung die „Gründungsschiene" in der Stiftung vermehrt besetzt werden. Andererseits geht es um ein verbessertes Prozedere der Unterstützung in der Stiftung von der Beratung bis hin zu den Kontakten mit externen Institutionen und der Definition zentraler Punkte und Inhalte für eine fundierte Gründungsberatung.

Information

- Vermehrte und verbesserte Informationen über Gründungen und das Angebot der Gründungsunterstützung in der Stiftung zu Beginn der Berufsorientierung beziehungsweise bereits in den Informationsveranstaltungen: Erfahrungsberichte von GründerInnen, GastreferentInnen (GründungsexpertInnen), Beispiele von Gründungen in Informationsbroschüren.

98 So bezeichnet ein Handelsunternehmer die fünf Monate, die zwischen der Erstellung des Konzeptes und der Geschäftseröffnung liegen, als „absolut kurze Zeit", obwohl er in dieser Zeit am Konzept kaum mehr etwas zu ändern hatte und die Lieferantenkontakte schon vor der Konzepterstellung hergestellt worden waren.

Inhalte der Gründungsberatung

- Erstellung eines fundierten (überprüften) Konzeptes mit Chancen- und Riskenabwägung: Marktanalyse, Finanzierungsbedingungen, (bankfähiges) Finanzierungskonzept, Umsetzungs- und Zeitplan;
- fundierte Information über grundsätzliche Rahmenbedingungen (Einbeziehung von GastreferentInnen): Gewerberecht, Sozialversicherungsrecht, Gesellschaftsformen, Steuerrecht, Finanzrecht, Vertragsrecht, EU-Recht;
- Wissensvermittlung über Verhandlungs- und Verkaufsmethoden, Kundenwerbung, Marketing sowie Projektmanagement, Kalkulation, Marktanalyse;
- Verschaffung eines grundsätzlichen Überblicks über AnsprechpartnerInnen und Beratungsmöglichkeiten: Abklärung der Kompetenzen verschiedener Stellen, Tips für Kontaktaufnahme, Standortsuche;
- Abklärung persönlicher und familiärer Aspekte: Existenzplanung, Abbruchszenario, Alternativen.

Ideenentwicklung und -abklärung

- Nutzen der gesamten BO-Gruppe beziehungsweise der InteressentInnen für die Ideenentwicklung: Brainstormings mit TeilnehmerInnen, Ideenwerkstatt, Einrichtung spezifischer Gründungsworkshops und „Kreativseminare", eigener „Gründungstag" unter Einbeziehung von ExpertInnen;
- besser informierte und ausgebildete TrainerInnen in der Berufsorientierung, die als erste kompetente Ansprechstelle in puncto Selbständigkeit dienen;
- Vernetzung der Gründungsbestrebungen – vor allem auch in Hinsicht auf Beschäftigungsprojekte am zweiten Arbeitsmarkt – mit regionalen Entwicklungsplänen und Bedarfsanalysen.

Form der Betreuung

- Betreuung in der BO-Gruppe für die erste Phase der Ideenentwicklung, später Einzelcoaching in der Stiftung mit kontinuierlichem Kontakt zur Gesamtgruppe (Berufsorientierung, InteressentInnen);
- Information und Erstbesprechung von „Gründungsideen" in der Gesamtgruppe der Berufsorientierung und noch während der Berufsorientierung Einzeltermine für InteressentInnen bei externen GründungsberaterInnen;
- vermehrter Erfahrungsaustausch mit anderen GründerInnen während des gesamten Verbleibs in der Stiftung;

- bessere Kooperation mit der Wirtschaftskammer und anderen externen Beratungsorganisationen, schnellere Erstberatungstermine;
- Unterstützung bei der Wirtschaftskammer und Landesregierung, Verbesserung der Rahmenbedingungen für den Beginn: Abbau bürokratischer Hürden, verbesserte finanzielle Starthilfen, längere „gestützte“ Anlaufzeiten.

7. Berufsverläufe nach dem Stiftungsaustritt

Die berufliche Reintegration der StiftungsteilnehmerInnen ist das erklärte Ziel der Stiftungsarbeit. Als Erfolg gilt dabei neben der unselbständigen Wiederbeschäftigung auch die Aufnahme einer selbständigen Tätigkeit beziehungsweise die Fortführung einer Ausbildung nach der Stiftungszeit (z. B. nach dem Erreichen der Studienberechtigungsprüfung oder bei Schulausbildungen und Studien, die über die Stiftungszeit hinausreichen). Ein klarer Mißerfolg liegt hingegen bei erneuter Arbeitslosigkeit vor.

Unklar ist die Erfolgsbewertung vor allem dann, wenn Personen in die Pension überwechseln, auf den Ausgang des Pensionsantragsverfahrens warten, in die Karenz oder einen längeren Krankenstand wechseln. In allen diesen Fällen stehen sie am Arbeitsmarkt nicht zur Verfügung und sind daher auch nicht arbeitssuchend beziehungsweise arbeitslos. Im Sinne eines Nichtvorliegens von Arbeitslosigkeit wird ein solcher Status zum Teil ebenso als Erfolg gewertet. Für diese Untersuchung wird die Pension oder ein sonstiger Status, in dem die Personen dem Arbeitsmarkt nicht zur Verfügung stehen, weder als Erfolg noch als Mißerfolg interpretiert. Hinzuweisen ist in diesem Zusammenhang auch auf die Schwierigkeit eines Vergleichs mit Erfolgsraten[99] in anderen Stiftungen. Oft bleibt unklar, was als Erfolg gewertet wird – die Pensionierung scheint zum Beispiel nie als eigener Punkt auf. Zum Teil ist auch die Altersstruktur der TeilnehmerInnen in anderen Stiftungen aufgrund von verschiedenen Abmachungen mit den Herkunftsfirmen – z. B. ein verstärkter Kündigungsschutz für über 50jährige bei der Planseestiftung/Reutte oder eine Mitsprache des Betriebsrates für „Kündigungen unter sozialen (altersbezogenen) Gesichtspunkten" im Rahmen der Stahlstiftung – unterschiedlich. Für eine fundierte vergleichende Erfolgsbewertung müßten aber Punkte wie die Definition der als Erfolg gewerteten Positionen oder die Zusammensetzung der TeilnehmerInnen nach vermittlungsfördernden oder -hinderlichen Selektionskriterien ebenso offengelegt sein wie der noch schwerer meßbare wirtschaftliche Hintergrund (regionaler Arbeitsmarkt, Aufnahmefähigkeit verschiedener Segmente, Stellenandrang etc.).

99 Vgl. dazu: Die Arbeitsstiftung. Eine Information des Arbeitsmarktservice Österreich und der ÖSB-Unternehmensberatung, 1994/95; Arbeitsstiftungen. Erfahrungen und Entwicklungsperspektiven. Hrsg. von Ferdinand Lechner und Walter Reiter. Wien: Wissenschaftsverlag 1991.

Eine (gängige) Erfolgsbewertung nur über die „Erstvermittlungsrate“ (den ersten Arbeitsmarktstatus nach dem Stiftungsaustritt) greift für eine Bewertung des längerfristigen Erfolges zu kurz. Im Rahmen dieser Untersuchung wird versucht, die Erfolgsraten zumindest auch kurzbeziehungsweise mittelfristig über eine Verteilung der Arbeitsmarktpositionen in gewissen Zeitabständen (Status nach 6, 9, 12 Monaten) nach dem Stiftungsaustritt zu erfassen.
Eine darüber hinausgehende längerfristige Bewertung der Stabilität der Berufsverläufe konnte allerdings wegen der bislang zu kurzen Dauer der Nachkarrieren nicht vorgenommen werden. Die „Nachstiftungszeit“ war bei allen AUFLEB-TeilnehmerInnen kürzer als ein Jahr; von den bisher ausgetretenen AUSPED-TeilnehmerInnen waren bereits 21 % beziehungsweise 50 Personen seit länger als einem Jahr wieder aus der Stiftung ausgetreten.

Dauer der Nachstiftungszeit

	AUFLEB		AUSPED		insgesamt	
bis 3 Monate	79	57,7 %	45	19,2 %	124	33,4 %
4 bis 6 Monate	36	26,3 %	38	16,2 %	74	19,9 %
7 bis 12 Monate	22	16,1 %	101	43,2 %	123	33,2 %
länger als 1 Jahr			50	21,4 %	50	13,5 %
insgesamt	137	100,0 %	234	100,0 %	371	100,0 %

Neben der nur kurzen „Nachstiftungszeit“ ist für die Bewertung der Ergebnisse der Berufsverläufe nach dem Stiftungsaustritt anhand „harter“ und „weicher“ Indikatoren (Verteilungen der Arbeitsmarktpositionen, subjektive Bewertungen) auch die Tatsache zu berücksichtigen, daß im Unterschied zu Ex-post-Evaluierungen bei den beiden Branchenstiftungen die Bestandsaufnahme während laufender Maßnahmen erfolgte. Eine Änderung der Verteilungen der vorliegenden Ergebnisse ist besonders dadurch zu erwarten, daß jene Personen, die längere Ausbildungen (über ein Jahr) gewählt haben, zum Großteil bei Abschluß der Untersuchung noch in der Stiftung waren. Von den AUFLEB-TeilnehmerInnen haben insgesamt 135 eine Ausbildung mit einer Dauer von über einem Jahr gewählt, erst drei Personen davon sind aus der Stiftung ausgetreten. Von den AUSPED- TeilnehmerInnen wählten 133 Personen eine über einjährige Ausbildung; davon war es bislang 29 Personen möglich, diese zu absolvieren und wieder in den Arbeitsmarkt einzutreten. Gerade Personen mit qualitativ hochstehenden und fundierten Ausbildungen haben die wahrscheinlichsten Erfolgsaussichten.[100]

Verstärkt wird diese höhere Reintegrationswahrscheinlichkeit auch durch den Umstand, daß vor allem bei den längeren Ausbildungen mit Ausnahme der Studien und vieler schulischen Ausbildungen betriebliche Kontakte in Form von „berufsbegleitenden" Ausbildungsformen zwingend vorgesehen sind: Dies betrifft sowohl die Ausbildungen zu FacharbeiterInnen, die Ausbildungen für Sozial- und Gesundheitsberufe mit vorgesehenen Praktika als auch andere längere berufsbegleitende Kurse, zum Beispiel bei EDV- und technischen Berufen. Auch bei schulischen Ausbildungen wie Maschinenbau etc. werden während der Ferien Praktika besucht, und interviewte TeilnehmerInnen geben an, daß sie bei positivem Abschluß beinahe fixe Einstellungszusagen erhielten.
Aufgrund der erwähnten Faktoren kann davon ausgegangen werden, daß die definierten Erfolgsraten mit der Beendigung auch der längeren Ausbildungen ansteigen werden. Neben der Ermittlung der Verbleibsraten in arbeitsmarktpolitisch erwünschten Positionen werden für die Bewertung des „Outputs" der Stiftungsarbeit noch weitere Indikatoren hinzugezogen. Besonders berücksichtigt werden auch:

- die subjektive Zufriedenheit mit dem ersten Dienstverhältnis im Anschluß an die Stiftung auf verschiedenen Ebenen wie der der Tätigkeit, der Entlohnung, des Arbeitsklimas, der Aufstiegsmöglichkeiten, der Rahmenbedingungen der neuen Arbeit (Arbeitszeiten, Arbeitsplatzgestaltung, Anfahrtszeiten etc.) und der Arbeitsplatzsicherheit sowie die diesbezüglichen Veränderungen zwischen dem letzten Dienstverhältnis vor und dem ersten nach der Stiftung;
- die subjektive Bewertung des aktuellen Dienstverhältnisses zum Untersuchungszeitpunkt August 1996 (vor allem ob dieses persönlich eine längerfristige Perspektive darstellt und ob es sich um ein befristetes oder unbefristetes Dienstverhältnis handelt);
- die von den TeilnehmerInnen angegebene Veränderung im Gehalt zwischen dem letzten Arbeitsverhältnis vor der Stiftung und dem ersten nach der Stiftung und die Veränderung bezüglich der Qualifikationsanforderungen (Hilfsarbeit, angelernte Tätigkeit[101], Anstel-

100 Das zeigt sich auch in den Branchenstiftungen selbst: Personen, die bereits Ausbildungen abgeschlossen haben (wenn auch zumeist kürzere oder eher allgemeine Höherqualifizierungen etwa im Bereich EDV/Büro, Lagerarbeiten etc.), nehmen zu 88 % ein neues Dienstverhältnis auf.

101 Damit sind jene formalen Hilfsarbeiten angesprochen, für die gewisse Qualifikationsvoraussetzungen unter dem Facharbeiterniveau notwendig sind, zum Beispiel ein Staplerschein, interne Einschulungen ohne formalen Abschluß, Kenntnisse über die Betreuung von Maschinen, die Steuerung von Produktionsvorgängen, etc. Der Unterschied zur Hilfsarbeit liegt in der nicht unmittelbar gegebenen Einsatzmöglichkeit.

lung, Facharbeit, Leitungsfunktion) – vor allem in Hinsicht auf die Lohnerwartungen kam in den qualitativen Interviews mit den TeilnehmerInnen deutlich zum Ausdruck, daß viele von ihnen kaum mehr mit dem Erreichen des ehemaligen (oft nicht so schlechten) Gehaltes rechnen und Einbußen in Kauf nehmen;
- das Verlassen von Problembranchen in Richtung anderer Berufsbranchen und -felder (der Wechsel von Berufsfeldern kann zum Teil auch als Unterstützung des Strukturwandels in der Wirtschaft durch die Stiftung angesehen werden).[102]

7.1 Die Verteilung der Arbeitsmarktpositionen im Zeitablauf

Als ersten Arbeitsmarktstatus nehmen die ausgetretenen StiftungsteilnehmerInnen je nach Branchenstiftung unterschiedlich zum Großteil ein Dienstverhältnis auf (83 % der AUFLEB, 73 % der AUSPED). Als weitere arbeitsmarktpolitisch erwünschte Positionen kommen die Fortsetzung einer Ausbildung außerhalb der Stiftung beziehungsweise die Aufnahme einer selbständigen Tätigkeit hinzu: Die „Erfolgsraten" erhöhen sich damit geringfügig auf 84 % beziehungsweise 74 %. Eine gelungene Wiederintegration[103] weisen am häufigsten AbsolventInnen höherer Schulen und AkademikerInnen sowie Personen auf, die vor dem Stiftungseintritt als FacharbeiterInnen beschäftigt waren (siehe Materialienband).

13 % der AUFLEB- und 21 % der AUSPED-TeilnehmerInnen gehen im Anschluß an die Stiftung direkt in die Arbeitslosigkeit. Überdurchschnittlich von Arbeitslosigkeit im ersten Status nach dem Stiftungsaustritt betroffen sind vor allem die über 50jährigen und Personen mit geringeren Qualifikationen (lediglich Pflichtschulabschluß, HilfsarbeiterInnen und angelernte Arbeitskräfte). 15 Personen oder 4 % wechseln aus der Stiftung in einen sonstigen Status (Pension, Karenz,

102 Dafür ist allerdings die Bandbreite an gewählten Ausbildungen ein besserer Indikator (vgl. den Abschnitt über Aus- und Weiterbildungen). Vor allem Personen mit längeren Ausbildungen oder Umschulungen waren zum Zeitpunkt der Untersuchung noch in der Stiftung, ausgetreten sind vermehrt jene, die ohne jede beziehungsweise mit einer kürzeren Aufschulung im gleichen Berufsfeld tätig sind.

103 Die Verteilungen nach den ersten Arbeitsmarktpositionen decken sich mit den angegebenen Gründen für den Stiftungsaustritt. Als Grund für den Austritt geben 73 % eine Arbeitsaufnahme an (81 % bei der AUFLEB, 67 % bei der AUSPED), 14 % führen dafür den Zeitablauf in der Stiftung an, 9 % sonstige Gründe wie Karenz, Krankheit, Umzug etc. 4 % nennen die Pensionsbewilligung als Grund für den Austritt, 2 % werden aus der Stiftung ausgeschlossen.

längere Krankheit). Überdurchschnittlich hohe Wiederintegrationsraten (Dienstverhältnis, Ausbildung, Selbständigkeit) im Anschluß an den Stiftungsaustritt finden sich vor allem in Suben, Steyr und Tirol, geringe Erfolgsraten hingegen in Kärnten, Salzburg, in der Steiermark und in Wien.

Änderungen der Arbeitsmarktpositionen nach dem Stiftungsaustritt

	AUFLEB		AUSPED		insgesamt	
erster Status						
in Arbeit	113	81,3 %	169	71,6 %	282	75,2 %
selbständig			3	1,3 %	3	0,8 %
Ausbildung	2	1,4 %	2	0,8 %	4	1,1 %
arbeitslos	20	14,4 %	51	21,6 %	71	18,9 %
sonstiges	4	2,9 %	11	4,7 %	15	4,0 %
insgesamt	139	100,0 %	236	100,0 %	375	100,0 %
Status nach drei Monaten						
in Arbeit	58	80,6 %	135	74,6 %	193	76,3 %
selbständig	1	1,4 %	3	1,7 %	4	1,6 %
Ausbildung	2	2,8 %	1	0,6 %	3	1,2 %
arbeitslos	9	12,5 %	36	19,9 %	45	17,8 %
sonstiges	2	2,8 %	6	3,3 %	8	3,2 %
insgesamt	72	100,0 %	181	100,0 %	253	100,0 %
Status nach sechs Monaten						
in Arbeit	24	75,0 %	105	73,9 %	129	74,1 %
selbständig			1	0,7 %	1	0,6 %
Ausbildung	2	6,3 %	31		2	1,1 %
arbeitslos	6	18,8 %		21,8 %	37	21,3 %
sonstiges			5	3,5 %	5	2,9 %
insgesamt	32	100,0 %	142	100,0 %	174	100,0 %
Status nach neun Monaten						
in Arbeit	9	69,2 %	76	75,2 %	85	74,6 %
selbständig			1	1,0 %	1	0,9 %
Ausbildung	2	15,4 %			2	1,8 %
arbeitslos	2	15,4 %	17	16,8 %	19	16,7 %
sonstiges			5	5,0 %	5	4,4 %
wieder in der Stiftung			2	2,0 %	2	1,8 %
insgesamt	13	100,0 %	101	100,0 %	114	100,0 %
Status nach einem Jahr						
in Arbeit	2	66,7 %	41	80,4 %	43	79,6 %
Ausbildung	1	33,3 %			1	1,9 %
arbeitslos			9	17,6 %	9	16,7 %
sonstiges			1	2,0 %	1	1,9 %
insgesamt	3	100,0 %	51	100,0 %	54	100,0 %

Die Häufigkeiten der verschiedenen Arbeitsmarktpositionen zu späteren Zeitpunkten (3, 6, 9, 12 Monate nach Stiftungsaustritt) zeigen, daß insgesamt kaum große Bewegungen bei den Nachstiftungskarrieren

stattfinden. Personen, die ein Dienstverhältnis begonnen haben, behalten das zumeist auch für die beobachtbare Zeit (zum Teil wechseln sie auch von einer Beschäftigung in eine andere); jene, die arbeitslos sind, finden schwer zu einer Beschäftigung.
Ein Vergleich zu den NichtteilnehmerInnen zeigt bei diesen über die verschiedenen Zeitpunkte nach der Entscheidung gegen einen möglichen Stiftungseintritt hinweg eine deutlich geringere Wiederintegrationsrate. Als ersten Arbeitsmarktstatus nach der Entscheidung gegen den Stiftungseintritt haben nur insgesamt 46 % der NichtteilnehmerInnen eine arbeitsmarktpolitisch erwünschte Position, die überwiegende Mehrheit davon hat ein Dienstverhältnis, vereinzelte Personen sind in einer Ausbildung. Erklärbar ist das auch dadurch, daß viele noch eine Wartezeit bis zum Beginn eines zu diesem Zeitpunkt bereits zugesagten Dienstverhältnisses haben.[104] Arbeitslos im ersten Arbeitsmarktstatus sind über die Hälfte der NichtteilnehmerInnen (52 %). Drei Monate nach der Entscheidung gegen die Stiftung sind immerhin bereits 58 % der NichtteilnehmerInnen in einem Arbeitsverhältnis beziehungsweise einer Ausbildung. Diese Marke wird zu keinem späteren Zeitpunkt mehr überschritten. Mögliche AUSPED-TeilnehmerInnen haben im Vergleich zu möglichen AUFLEB-TeilnehmerInnen deutlich bessere Integrationswerte. Die Arbeitslosigkeitsrate fällt drei Monate nach der Entscheidung gegen den Eintritt auf insgesamt 34 %, bleibt aber dann beinahe immer auf diesem hohen Niveau. Lediglich ein Jahr nach der Entscheidung sinkt sie auf 25 %.
Besonders deutlich in Erscheinung treten bei den NichtteilnehmerInnen die Mißerfolgswerte für die Risikogruppen am Arbeitsmarkt. Bei den über 50jährigen und Personen, die nur einen Pflichtschulabschluß haben, liegt die Wiederintegrationsrate (Beschäftigung) zu keinem Zeitpunkt höher als 33 %. Personen, die im letzten Dienstverhältnis vor dem möglichen Stiftungseintritt als HilfsarbeiterInnen oder angelernte Arbeitskräfte tätig waren, sind, mit vereinzelten Ausnahmen, zu keinem Zeitpunkt in Beschäftigung. Die Arbeitslosigkeitsrate pendelt bei diesen Personengruppen zwischen 80 % und 100 %.

104 Zwei Drittel der NichtteilnehmerInnen treten trotz zunächst bekundeten Interesses nicht in die Stiftung ein, weil sie ein neues Arbeitsverhältnis in Aussicht/zugesagt bekommen haben. Jede fünfte dieser Zusagen wurde aber anschließend nicht umgesetzt; als Gründe nennen die betroffenen Personen fortwährende Verzögerungen des Beginns von Seite der Firmen, Unzufriedenheit mit dem letztendlich angebotenen Gehalt sowie neuerliche Überlegungen der Arbeitgeber, die zu einer negativen Einstellungsentscheidung führen (vor allem im Zusammenhang mit einem höheren Alter).

7.2 Erster Arbeitsplatz nach und letzter Arbeitsplatz vor der Stiftung

Der erste Arbeitsplatz liegt bei den AUSPED-StiftungsteilnehmerInnen zu über zwei Dritteln (69 %) im kaufmännisch-betriebswirtschaftlichen Bereich; den nächstwichtigen Bereich bilden die Handels- und Verkehrsberufe mit 15 %. Bei den AUFLEB-TeilnehmerInnen ist eine stärkere Streuung nach den Berufsfeldern zu beobachten: Am häufigsten werden Handels- und Verkehrsberufe mit 26 % ergriffen, dann folgen mit jeweils ca. 16 % kaufmännisch-betriebswirtschaftliche Berufe, Lebens- und Genußmittelberufe sowie „sonstige Berufe“. Bei diesen handelt es sich vorwiegend um angelernte Arbeiten in einem Lager, im Versand, etc. Mit einem Anteil von knapp 10 % folgen die technischen Berufe.[105] Der erste Arbeitsplatz ist für 89 % der TeilnehmerInnen ein Vollzeitarbeitsplatz, 6 % sind halbtags beschäftigt, 5 % in einer sonstigen Teilzeitbeschäftigung. Während Männer beinahe zur Gänze Vollzeitarbeitsplätze innehaben, ist das bei lediglich 78 % der Frauen der Fall; 12 % von ihnen sind halbtägig, 10 % in einer anderen Teilzeitform beschäftigt. In bezug auf die Qualifikationsanforderungen des Arbeitsplatzes sind 65 % der ausgetretenen StiftungsteilnehmerInnen am ersten Arbeitsplatz in einem Angestelltenverhältnis, jeweils 11 % als FacharbeiterInnen beziehungsweise angelernte Arbeitskräfte beschäftigt, 8 % als HilfsarbeiterInnen, 4 % in einer Leitungsfunktion.

Das Gehalt der ehemaligen StiftungsteilnehmerInnen gleicht bei 34 % annähernd dem am letzten Arbeitsplatz, 24 % konnten ihre Entlohnung verbessern, 42 % mußten am neuen Arbeitsplatz eine Verschlechterung in Kauf nehmen. Bei 19 % kommt es dabei zu Gehaltseinbußen von 25–50 %, zum Teil auch um mehr als die Hälfte. Die AUFLEB-TeilnehmerInnen zählen in bezug auf die Lohnentwicklung deutlich häufiger zu den VerliererInnen. Die NichtteilnehmerInnen haben mit 43 % einen annähernd gleichen Anteil an der Kategorie „GehaltsverliererInnen“ wie die TeilnehmerInnen; sie stellen jedoch mit 40 % einen im Vergleich höheren Anteil an Personen, die ein annähernd gleiches Gehalt erzielen können, mit 17 % aber auch einen deutlich geringeren Anteil an Personen, die einen Gehaltszuwachs am neuen Arbeitsplatz erreicht haben.

105 Zur Zuordnung einzelner Berufe zu den zusammengelegten Klassen siehe den Abschnitt über Aus- und Weiterbildungen.

Merkmale des ersten Arbeitsplatzes nach dem Stiftungsaustritt

	AUFLEB		AUSPED		insgesamt	
erstes Berufsfeld						
kaufmännisch-betriebswirtschaftlich	14	16,7 %	102	68,5 %	116	49,8 %
Handels- und Verkehrsberufe	22	26,2 %	23	15,4 %	45	19,3 %
EDV-Berufe			1	0,7 %	1	0,4 %
technische Berufe	8	9,5 %	1	0,7 %	9	3,9 %
Hotel- und Gaststättenberufe	1	1,2 %	6	4,0 %	7	3,0 %
Sozial- und Gesundheitsberufe	2	2,4 %			2	0,9 %
öffentlicher Dienst, Dienstleistungen	4	4,8 %	5	3,4 %	9	3,9 %
Land- und Forstwirtschaft	2	2,4 %			2	0,9 %
Anlagen und Maschinen, Metall	3	3,6 %			3	1,3 %
Bau und Bauausstattung, Einrichtung	2	2,4 %	1	0,7 %	3	1,3 %
Lebens- und Genußmittel	13	15,5 %	4	2,7 %	17	7,3 %
sonstige Berufe	13	15,5 %	6	4,0 %	19	8,2 %
insgesamt	84	100,0 %	149	100,0 %	233	100,0 %
erste Arbeit						
Hilfsarbeit	18	15,1 %	6	3,3 %	24	8,0 %
angelernt	29	24,4 %	5	2,7 %	34	11,3 %
Facharbeit	29	24,4 %	5	2,7 %	34	11,3 %
angestellt	40	33,6 %	155	85,2 %	195	64,8 %
Leitung	3	2,5 %	11	6,0 %	14	4,7 %
insgesamt	119	100,0 %	182	100,0 %	301	100,0 %
Arbeitszeit						
ganztägig	104	90,4 %	157	88,7 %	261	89,4 %
halbtätig	5	4,3 %	12	6,8 %	17	5,8 %
sonstige Teilzeit	6	5,2 %	8	4,5 %	14	4,8 %
insgesamt	115	100,0 %	177	100,0 %	292	100,0 %
Gehaltsveränderung: vorher und nachher						
bis etwa 25 % höher	9	7,7 %	36	20,2 %	45	15,3 %
um etwa 26–50 % höher	6	5,1 %	16	9,0 %	22	7,5 %
um mehr als 50 % höher	1	0,9 %	1	0,6 %	2	0,7 %
etwa gleich hoch	35	29,9 %	66	37,1 %	101	34,2 %
bis etwa 25 % niedriger	35	29,9 %	34	19,1 %	69	23,4 %
um etwa 26–50 % niedriger	22	18,8 %	20	11,2 %	42	14,2 %
um mehr als 50 % niedriger	9	7,7 %	5	2,8 %	14	4,7 %
insgesamt	117	100,0 %	178	100,0 %	295	100,0 %
Anteil der Stiftung am ersten Arbeitsplatz						
groß	21	18,9 %	30	16,8 %	51	17,6 %
mittel	42	37,8 %	56	31,3 %	98	33,8 %
klein	48	43,2 %	93	52,0 %	141	48,6 %
insgesamt	111	100,0 %	179	100,0 %	290	100,0 %

In bezug auf die vertikalen Veränderungen der beruflichen Position lassen sich folgende Bewegungsrichtungen feststellen:[106] Von den

106 Auch in bezug auf die Veränderungen der beruflichen Positionen muß darauf hingewiesen werden, daß deutlich positivere Entwicklungsrichtungen zu erwarten sind, wenn die Personen mit längeren Ausbildungen die Stiftung verlassen und wieder einen Arbeitsplatz einnehmen werden.

ehemaligen HilfsarbeiterInnen sind 47 % nach der Stiftung wiederum als HilfsarbeiterInnen tätig, 53 % verbessern ihre berufliche Position: 33 % sind nach der Stiftung als angelernte Arbeitskräfte tätig, 20 % in einem Anstellungsverhältnis. Von den ehemals angelernten Arbeitskräften verschlechtern 21 % ihre Position und sind am neuen Arbeitsplatz als HilfsarbeiterInnen tätig, 54 % bleiben weiterhin angelernte Arbeitskräfte, 26 % verbessern ihre Position: 13 % werden zu FacharbeiterInnen, 13 % zu Angestellten. Von den FacharbeiterInnen verschlechtern 21 % ihre Position (5 % zu HilfsarbeiterInnen und 16 % zu angelernten Arbeitskräften), 61 % bleiben als FacharbeiterInnen tätig, 16 % wechseln in ein Anstellungsverhältnis, 3 % in eine Leitungsposition.
Ehemalige Angestellte verbleiben zu 69 % in Anstellungsverhältnissen, 6 % wechseln zu Facharbeitspositionen, 25 % sind im neuen Beruf als HilfsarbeiterInnen oder angelernte Arbeitskräfte tätig. Von den Personen in Leitungspositionen verbleiben lediglich 14 % in einer solchen, 71 % sind in nichtleitenden Angestelltenverhältnissen tätig, 14 % als FacharbeiterInnen.

Wechsel der beruflichen Position im Vergleich

erste Arbeit nach der Stiftung	letzte Arbeit vor der Stiftung										insgesamt	
	Hilfsarbeit		angelernt		Facharbeit		angestellt		Leitung			
Hilfsarbeit	7	47,0 %	6	20,0 %	2	4,9 %	9	4,6 %			24	8,0 %
angelernt	5	33,0 %	14	47,0 %	6	15,0 %	9	4,6 %			34	11,0 %
Facharbeit			4	13,0 %	24	59,0 %	5	2,6 %	1	5,0 %	34	11,0 %
angestellt	3	20,0 %	5	17,0 %	8	20,0 %	166	86,0 %	13	65,0 %	195	65,0 %
Leitung			1	3,3 %	1	2,4 %	5	2,6 %	6	30,0 %	13	4,3 %
insgesamt	15	100,0 %	30	100,0 %	41	100,0 %	194	100,0 %	20	100,0 %	300	100,0 %

Bei den NichtteilnehmerInnen ist die vertikale Mobilität zwischen den beruflichen Positionen deutlich anders gelagert: Veränderungen sowohl aufwärts als auch abwärts gibt es nur zwischen HilfsarbeiterInnen und angelernten Arbeitskräften. FacharbeiterInnen und Angestellte können mit 83 % beziehungsweise 94 % zum Großteil ihre Position halten – Verbesserungen der Position gibt es kaum.
In bezug auf die Mobilität zwischen den verschiedenen Berufsfeldern bei den StiftungsteilnehmerInnen sind deutlichere Veränderungen ebenso erst dann zu erwarten, wenn die Personen mit längeren Ausbildungen diese absolviert haben werden. Bislang verbleiben von den ehemals tätigen Personen aus den zahlenmäßig wichtigen Berufsgruppen jene

aus dem kaufmännisch-betriebswirtschaftlichen Bereich zu 76 % in diesem; jene aus Handels- und Verkehrsberufen verbleiben zu 26 % und wechseln zu 58 % in den kaufmännisch-betriebswirtschaftlichen Bereich; jene aus dem Lebens- und Genußmittelbereich verbleiben zu 40 % auch nach der Stiftung in diesem Bereich (siehe Materialienband). Die NichtteilnehmerInnen wechseln in nennenswertem Ausmaß vor allem zwischen kaufmännisch-betriebswirtschaftlichen Berufen und Handels- und Verkehrsberufen, zum Beispiel aus Speditionsberufen in den Büro- und Verwaltungsbereich oder aus diesem in Berufe wie AußendienstmitarbeiterIn, TaxifahrerIn etc. Ansonsten erfolgt eine Veränderung im Berufsfeld zumeist in Richtung einer Dequalifizierung (zum Beispiel von Lebens- und GenußmittelfacharbeiterInnen in Richtung Hilfsarbeiten wie Lagerarbeit, Reinigungsdienste etc.).
Die subjektive Bewertung des ersten Arbeitsplatzes nach der Stiftung fällt vor allem auf den Ebenen der zu erfüllenden Tätigkeit, des Arbeitsklimas und der Rahmenbedingungen am Arbeitsplatz mit einem Anteil von 59–67 % an „sehr Zufriedenen" am deutlichsten positiv aus. Am ehesten Unzufriedenheit äußern die TeilnehmerInnen hingegen mit den Aufstiegsmöglichkeiten (25 %) beziehungsweise der Entlohnung und der voraussichtlichen Sicherheit des neuen Arbeitsplatzes (jeweils 14 %). Zwischen den TeilnehmerInnen der beiden Branchenstiftungen gibt es zum Teil deutliche Unterschiede hinsichtlich der subjektiven Zufriedenheit am neuen Arbeitsplatz.
Eine deutlichere Verschlechterung zeigt sich bei der Bewertung der Entlohnung. Die durchschnittliche Bewertung fällt auf einer siebenstufigen Skala von 2,5 auf 3,2. Verbesserungen zeigen sich hingegen bei der Arbeitsplatzsicherheit (von 4,3 auf 2,9) beziehungsweise den Aufstiegsmöglichkeiten (trotz des höheren Anteils derjenigen, die damit auch am neuen Arbeitsplatz unzufrieden sind: von 4,2 auf 3,8). Bezüglich der Zufriedenheit mit der Tätigkeit, dem Arbeitsklima und den Rahmenbedingungen am Arbeitsplatz bleiben die Bewertungen annähernd gleich (Werte zwischen 2,4 und 2,6).
Insgesamt wird sichtbar, daß die TeilnehmerInnenbewertungen bezüglich der meisten Dimensionen mit Mittelwerten zwischen 2 und 3 sowohl am alten als auch am neuen Arbeitsplatz eher im positiven Bereich angesiedelt sind. Die subjektive Bewertung der NichtteilnehmerInnen verbessert sich in bezug auf das Arbeitsklima (von 3,3 auf 2,5), die Aufstiegsmöglichkeiten (von 4,3 auf 3,8) und die Arbeitsplatzsicherheit (von 4,2 auf 3,5); sie verschlechtert sich hingegen in bezug auf die Entlohnung (von 2,4 auf 3,0). Hinsichtlich der Zufriedenheit

mit der Tätigkeit am neuen Arbeitsplatz (2,3) und der Einschätzung der Rahmenbedingungen (2,6) verändern sich die Bewertungen zwischen altem und neuem Arbeitsplatz nicht.
Von den Unterstützungen innerhalb der Stiftung für die Erstinformation über den neuen Arbeitsplatz wird als wichtigste Form eindeutig das Praktikum angegeben: 55 % werden direkt aus einem Praktikum in ein reguläres Dienstverhältnis übernommen. 18 % erfahren durch Hinweise von TrainerInnen vom neuen Arbeitsplatz, für 16 % führt die Suche über Blindbewerbungen, für 13 % über gezielte Bewerbungen zum Erfolg.

7.3 Aktueller Arbeitsmarktstatus zum Untersuchungszeitpunkt

Der „aktuelle" Arbeitsmarktstatus bezeichnet die zum Untersuchungszeitpunkt August 1996 eingenommene Arbeitsmarktposition der bereits aus der Stiftung ausgetretenen TeilnehmerInnen.
Die Dauer der aktuellen Arbeitsmarktposition liegt zum Großteil (bei mehr als zwei Dritteln) unter sechs Monaten; lediglich bei der Kategorie „sonstiges" (Pension, Karenz) ist der Großteil bereits länger als sechs Monate in diesem Status.
Die Anzahl der bisherigen Arbeitsmarktpositionen verdeutlicht die geringe Fluktuation, die stark mit den insgesamt kurzen Nachkarrierezeiten zusammenhängt: Die aktuell Beschäftigten sind zum Großteil (95 %) im ersten oder zweiten Status nach der Stiftung. Letzteres kann sowohl von einem Wechsel aus der Arbeitslosigkeit in eine Beschäftigung als auch von einem Wechsel der Arbeitsstelle herrühren. Für die zum Untersuchungszeitpunkt Arbeitslosen ist die Arbeitslosigkeit ebenso zum Großteil ihre erste (63 %) oder ihre zweite (29 % nach einer Beschäftigung) Arbeitsmarktposition.
Von den im August 1996 beschäftigten Personen sind insgesamt 82 % in einem unbefristeten Dienstverhältnis, 15 % in einem befristeten mit Aussicht auf Verlängerung und 3 % in einem befristeten Dienstverhältnis ohne Verlängerungsmöglichkeit. Die Unterschiede zwischen AUFLEB- und AUSPED-TeilnehmerInnen sind auf die häufiger kürzere Dauer der Nachkarriere bei der AUFLEB rückführbar. Für insgesamt 87 % stellt der aktuelle Arbeitsplatz persönlich eine längerfristige Perspektive dar.
Bei den zum Untersuchungszeitpunkt arbeitslos gemeldeten Personen sind vor allem Personen im Alter von „51 und mehr Jahren" (30 %),

Beschreibung des zum Befragungszeitpunkt aktuellen Arbeitsmarktstatus

	Arbeit		selbständig		Ausbildung		arbeitslos		sonstiges		insgesamt	
Dauer des aktuellen Arbeitsmarktstatus												
bis 3 Monate	91	34,3 %	2	40,0 %			35	50,7 %	1	14,3 %	129	37,1 %
4 bis 6 Monate	80	30,2 %	2	40,0 %	2	100,0 %	12	17,4 %	1	14,3 %	97	27,9 %
7 bis 12 Monate	70	26,4 %	1	20,0 %			20	29,0 %	5	71,4 %	96	27,6 %
länger als ein Jahr	24	9,1 %					2	2,9 %			26	7,5 %
insgesamt	265	100,0 %	5	100,0 %	2	100,0 %	69	100,0 %	7	100,0 %	348	100,0 %
Anzahl der Arbeitsmarktstatus nach Austritt												
1 Status	241	85,2 %	3	60,0 %	3	100,0 %	48	63,2 %	11	84,6 %	306	80,5 %
2 Status	29	10,2 %	1	20,0 %			22	28,9 %	2	15,4 %	54	14,2 %
3 Status	11	3,9 %	1	20,0 %			5	6,6 %			17	4,5 %
4 Status	1	0,4 %									1	0,3 %
5 Status	1	0,4 %					1	1,3 %			2	0,5 %
insgesamt	283	100,0 %	5	100,0 %	3	100,0 %	76	100,0 %	13	100,0 %	380	100,0 %
Art des Dienstvertrages												
unbefristet	216	82,4 %									216	81,8 %
befristet ohne Aussicht auf Verlängerung	7	2,3 %									7	2,7 %
befristet mit Aussicht auf Verlängerung	40	15,3 %	2	100,0 %							41	15,5 %
insgesamt	262	100,0 %	2	100,0 %							264	100,0 %
Arbeitsplatz persönliche längerfristige Perspektive?												
ja	215	87,3 %	2	100,0 %							217	87,5 %
nein	31	12,7 %									31	12,5 %
insgesamt	246	100,0 %									248	100,0 %

PflichtschulabsolventInnen (35 %) und HilfsarbeiterInnen im letzten Beruf vor der Stiftung (25 %)[107] deutlich überrepräsentiert. Als Gründe für die Arbeitslosigkeit geben die ehemaligen StiftungsteilnehmerInnen vor allem die „geringe Nachfrage in der beruflichen Branche" (74 %), den „Mangel an Arbeitsplätzen in der Region" (66 %) und das „eigene Alter" (60 %) an. Weiters werden von einem Viertel bis zu einem Fünftel (27 – 20 %) auch „unglückliche Zufälle", „unannehmbare Bedingungen bei den angebotenen Arbeitsstellen" und die „mangelnde Qualifikation" angegeben.[108]

Einschätzung der Ursachen der eigenen Arbeitslosigkeit

Mehrfachantworten	AUFLEB		AUSPED		insgesamt	
mangelnde Qualifikation	4	18,2 %	11	21,6 %	15	20,5 %
geringe Nachfrage in Berufsbranche	13	59,1 %	41	80,4 %	54	74,0 %
kaum Arbeitsplätze in der Region	16	72,7 %	32	62,7 %	48	65,8 %
das eigene Alter	14	63,6 %	30	58,8 %	44	60,3 %
bis jetzt nicht intensiv gesucht	2	9,1 %	5	9,8 %	7	9,6 %
„unglückliche" Zufälle	7	31,8 %	13	25,5 %	20	27,4 %
geringe Erfahrung mit Arbeitssuche	5	9,8 %			5	6,8 %
derzeit nicht auf Arbeitssuche	1	4,5 %	10	19,6 %	11	15,1 %
unannehmbare Bedingungen von Stellen	6	27,3 %	10	19,6 %	16	21,9 %
insgesamt	22		51		73	

107 Zum Vergleich die diesbezüglichen Werte der NichtteilnehmerInnen: „51 Jahre und mehr": 39 %; „Pflichtschule": 54 %; „HilfsarbeiterInnen": 60 %; dazu kommen noch hohe Arbeitslosigkeitsraten bei den „Angelernten" (56 %) und bei Personen, die früher in Leitungspositionen tätig waren (63 %).

108 In bezug auf die Ursachen der Arbeitslosigkeit gibt es zu den NichtteilnehmerInnen kaum Unterschiede. Auch diese geben mit jeweils an die 60 % das „eigene Alter", den „regionalen Arbeitsmarkt" und die „geringe Nachfrage in der Berufsbranche" an.

8. Zusammenfassung und Schlußfolgerungen

8.1 Organisation, Kooperation und Informationstransfer

Die beiden Branchenarbeitsstiftungen AUSPED und AUFLEB stellen für die österreichische „Landschaft" der Arbeitsstiftungen eine Neuheit dar. Angestrebt wird eine möglichst nachhaltige Wiederintegration der TeilnehmerInnen in den Arbeitsmarkt mittels einer Kombination von beruflichen Abklärungsmaßnahmen und gezielten Formen der Aus- und Weiterbildung, der „aktiven Arbeitssuche" sowie von Betriebs- und Projektgründungen. Dieses umfassende Maßnahmenbündel, die Qualität der Betreuung und die erzielten Vermittlungsquoten machen Arbeitsstiftungen insgesamt zum arbeitsmarktpolitischen „Spitzeninstrument".

Die rasch erfolgte Umsetzung von AUSPED und AUFLEB infolge sozialpartnerschaftlicher Initiativen zur „Abfederung" der Folgen des EU-Beitrittes sowie des „strukturellen Wandels" in der Speditions- und der Lebensmittelbranche brachte es mit sich, daß wichtige Fragen der Kooperation zwischen den Branchenstiftungen und dem Arbeitsmarktservice und potentiell beteiligten Wirtschaftsbetrieben zu Beginn ihrer Tätigkeit nicht ausreichend abgestimmt wurden. Besonders bei der AUSPED waren das Erreichen der Betriebe und der InteressentInnen und das Ausmaß der erforderlichen Aktivitäten durch Betriebe und Sozialpartnerorganisationen, die „einvernehmliche" Lösungen der Beschäftigungsverhältnisse beschleunigen sollten, ein Problem.

Für die AUFLEB ist der schwierige Zugang vor allem zu Klein- und Mittelbetrieben und den potentiellen TeilnehmerInnen kennzeichnend. Oft befinden sich uninformierte Personen zum Teil schon längerfristig in Arbeitslosigkeit und bedürfen somit einer Ausnahmegenehmigung für die Teilnahme. Resultat eines insgesamt unzureichenden Informationsflusses ist es auch, daß sich TeilnehmerInnen mit unklaren Erwartungen in den Stiftungen befinden und dies die Tätigkeit von TrainerInnen und ManagerInnen in den Bundesländern erschwert.

Präzision und Qualität der Informationen nehmen auf ihrem Weg von den zentralen Trägerorganisationen zu den potentiellen TeilnehmerInnen kontinuierlich ab. Zwar sind Spitzenfunktionäre der Sozialpartner und des Arbeitsmarktservice gut informiert, jedoch wichtige MultiplikatorInnen wie Betriebsräte lebensmittelproduzierender Betriebe und die BeraterInnen des AMS wissen oft nicht genug Bescheid, um ihre intendierte „Drehscheibenfunktion" erfüllen zu können.

Für AUSPED und AUFLEB wurde jeweils ein zentrales Management installiert, wobei in den Bundesländern Trägervereine als „regionale Kooperationspartner“ – die zumeist beide Branchenstiftungen abwickeln – unter Vertrag genommen wurden. Das ist vor allem für Finanzierungsverhandlungen von Nutzen. Mit der Beauftragung von „regionalen Kooperationspartnern“, die beim Start der Stiftungen vielfach schon über Stiftungskenntnisse verfügten, ist die Erwartung der stärkeren „regionalen Verankerung“ der Branchenstiftungen verbunden. Dies gelingt in den Bundesländern in unterschiedlichem Ausmaß.

Als Dreh- und Angelpunkt der Stiftungsarbeit gilt die Zusammenarbeit mit regionalen Wirtschaftsunternehmen. Nur durch die Übereinkunft im Hinblick auf den in der Wirtschaft bestehenden Personal- und Qualifikationsbedarf lassen sich auf Basis der Vermittlung nachgefragter Ausbildungen die Integrationsziele der Stiftungen verwirklichen.

Eine mehrfach geäußerte Anforderung an die Branchenstiftungen besteht in der künftigen Stärkung ihrer „Module“, die über den Qualifizierungsansatz hinaus die Verbesserung der Unterstützung bei der Vermittlung zum Ziel haben: Dies betrifft in erster Linie die aktuell schwach strukturierte und vielfach „nebenbei“ ablaufende „aktive Arbeitssuche“. Von ExpertInnen wird vorgeschlagen, im Rahmen der Stiftungen gemeinnützige Formen der Arbeitskräftevermittlung und -überlassung auszubauen. Urgiert werden ebenfalls die Forcierung von in den Bundesländern zum Teil vernachlässigten Stiftungsschienen, welche die Schaffung von Arbeitsplätzen zum Ziel haben, Betriebsgründungen und die Errichtung von Beschäftigungsprojekten im „sekundären“ Arbeitsmarkt, die StiftungsteilnehmerInnen als „Schlüsselkräften“ Arbeitsplätze bieten könnten.

Von Programmdenkern der österreichischen Arbeitsmarktpolitik werden angesichts der dramatischen Wirtschafts- und Arbeitsmarktentwicklungen Befürchtungen geäußert, daß bei ausschließlicher Stützung auf herkömmliche Konzepte Arbeitsstiftungen den bisherigen „Erfolgscharakter“ verlieren könnten: Gefordert sind „neue Ideen“ und ein „neuer Drive“ besonders von den Branchenstiftungen AUSPED und AUFLEB, die im Vergleich zu anderen Stiftungen größere finanzielle Ressourcen und personelle Potentiale aufweisen.

Übertragbare Ansätze der Branchenstiftungen

Die Branchenstiftungen AUSPED und AUFLEB ermöglichen im Unterschied zu betrieblich oder regional begrenzten Varianten von

Arbeitsstiftungen österreichweit die Teilnahme für alle von Kündigung betroffenen ArbeitnehmerInnen, die der Speditions- beziehungsweise der Lebensmittelbranche angehören.
Das innerhalb der Branchenstiftungen angebotene Maßnahmenpaket entspricht im Grunde demjenigen bisher tätiger Formen der Arbeitsstiftung. Durch die Bündelung der Maßnahmen beziehungsweise ihren gezielten Einsatz nach den individuellen Fertigkeiten und Bedürfnissen der TeilnehmerInnen in Verbindung mit den Erfordernissen der Arbeitsmärkte gilt das Instrument Arbeitsstiftung an sich als außerordentlich taugliches Instrument der Arbeitsmarktpolitik.
AUSPED und AUFLEB verfügen in allen Bundesländern über „regionale Kooperationspartner“ (mit Ausnahme des Burgenlandes). Dies ermöglicht die regional dezentralisierte Durchführung von Maßnahmen sowie die „Verankerung“ der Branchenstiftungen in den Bundesländern.
Die Organisationsform von zentralen beziehungsweise regionalen Managements wird durchwegs als praktikabel und vorteilhaft erachtet: Als positiv genannt werden die zentrale und schnelle Abwicklung von Finanzierungsverhandlungen und die zentrale Regelung des Mittelflusses einerseits sowie die Möglichkeit für ein flexibles Eingehen auf Erfordernisse und Gegebenheiten in den Bundesländern andererseits.

Zentrale Veränderungsvorschläge

- Verbesserung des Informationstransfers auf allen Ebenen und Sicherstellung, daß die potentiellen TeilnehmerInnen rechtzeitig über ausreichende Entscheidungsgrundlagen für oder gegen eine Stiftungsteilnahme verfügen;
- Intensivierung der Kooperationsbeziehungen zwischen den Branchenstiftungen und dem Arbeitsmarktservice: Klärung und Systematisierung der jeweiligen Kompetenzen und Informationsaufgaben auf den einzelnen Ebenen;
- Intensivierung der Kooperationsbeziehungen zwischen den regionalen Partnern in den Bundesländern und den Wirtschaftsbetrieben vor Ort im Hinblick auf eine frühzeitige Kontaktaufnahme mit den „Herkunftsbetrieben“ und die breite und periodische Zusammenarbeit mit Betrieben, die einen Personal- beziehungsweise Qualifikationsbedarf aufweisen;
- Stärkung der Stiftungsmodule, welche die Vermittlung sowie die Schaffung von Arbeitsplätzen betreffen;

- Verstärkung der Entwicklungsarbeit am Instrument Arbeitsstiftungen insgesamt, um künftig den Herausforderungen sich verschlechternder Arbeitsmärkte wirksam begegnen zu können.

8.2 Die Maßnahmen und ihre Beurteilung

Der Erfolg von Stiftungen wird hauptsächlich anhand des Erreichens von arbeitsmarktpolitisch erwünschten Positionen am Arbeitsmarkt beurteilt. Als klarer Mißerfolg wird eine erneute Arbeitslosigkeit nach dem Stiftungsaustritt definiert. Läßt man für diese Erfolgsbewertung jene Personen außer acht, die wegen einer Karenz, längerer Krankheit oder Pensionierung längerfristig oder für immer dem Arbeitsmarkt nicht zur Verfügung stehen, liegen die Erfolgsraten[109] für ausgetretene AUFLEB-TeilnehmerInnen zu diversen Zeitpunkten nach dem Stiftungsaustritt (vom unmittelbar nachfolgenden Arbeitsmarktstatus bis hin zu 6 Monaten nach dem Austritt) zwischen 81,3 % und 87,1 %, jene der AUSPED-TeilnehmerInnen zwischen 78,1 % und 80,3 %. Berücksichtigt man den bei den Branchenstiftungen hohen Anteil an „älteren" Personen (24 % zwischen 41 und 50 Jahren beziehungsweise 17 % „51 Jahre und älter") und die geänderten Bedingungen am Arbeitsmarkt seit Einführung der Stiftungen in Österreich, liegen die bisherigen Ergebnisse der beiden Branchenstiftungen zwar unter den hohen Erstvermittlungsraten der „frühen" Stiftungen, aber doch deutlich über den gegenwärtigen Durchschnittsergebnissen aller Stiftungen.
Ein wichtiger Qualitätsaspekt der Arbeit in den beiden Branchenstiftungen besteht darin, daß TeilnehmerInnen ab 50 Jahren und Personen mit geringen Qualifikationen in wesentlich höherem Ausmaß wieder in den Arbeitsmarkt integriert wurden. In bezug auf die Gehaltsentwicklung beziehungsweise die Veränderung der beruflichen Positionen zwischen der letzten Arbeit vor und der ersten Arbeit nach der Stiftung gibt es sowohl „VerliererInnen" als auch „AufsteigerInnen". Besonders im Hinblick auf das Einkommen muß ein großer Teil der StiftungsteilnehmerInnen deutliche Einbußen hinnehmen.
Die subjektive Zufriedenheit mit dem neuen Arbeitsplatz fällt im Vergleich zum letzten Arbeitsplatz vor dem Stiftungsbeginn auf der Ebene „Enlohnung" dementsprechend auch schlechter aus. Hingegen steigt

109 Eine weitere Verbesserung der Vermittlungsquoten ist zu erwarten, sobald auch die Personen mit langen Ausbildungen diese absolviert haben werden. Einen Beleg für erhöhte Vermittlungschancen durch Qualifikation liefern jene Personen, die bislang nach einer Ausbildung aus der Stiftung ausgetreten sind: Sie weisen die höchsten Vermittlungserfolge auf.

sie deutlich hinsichtlich der „Arbeitsplatzsicherheit“ und leicht in bezug auf die gebotenen „Aufstiegsmöglichkeiten“. Der Arbeitsplatz, den die Personen zum Untersuchungszeitpunkt August 1996 einnehmen, wird von den meisten als „längerfristige persönliche Perspektive“ bezeichnet.

Die Maßnahmen in der Stiftung werden von den TeilnehmerInnen unterschiedlich bewertet.

In der *Berufsorientierung,* der zentralen Maßnahme in der Stiftung mit dem Ziel der Erarbeitung eines umsetzungsfähigen „Karriereplans“, erreicht ein Großteil der TeilnehmerInnen mit Unterstützung von TrainerInnen wichtige Ziele wie besseres Zurechtfinden am Arbeitsmarkt, bessere Bewältigung von Bewerbungsituationen, mehr Selbstvertrauen und Eigenmotivation, erhöhte Eigenaktivitäten etc. In Hinsicht auf die Erarbeitung des „Karriereplans“ ist hier vor allem die „Auseinandersetzung mit den gegebenen persönlichen Qualifikationen“ sowie die Abstimmung mit dem persönlichen Umfeld von großer Bedeutung. Der erarbeitete „Karriereplan“ führt bei über der Hälfte der TeilnehmerInnen zu einer Aus- und Weiterbildung, etwas mehr als ein Drittel entscheidet sich für eine „aktive Arbeitssuche“, wenn notwendig in Verbindung mit einer kürzeren „jobwichtigen“ Aufschulung. 5 % der TeilnehmerInnen streben nach dem „Karriereplan“ eine Betriebsgründung an; 3 %, vor allem ältere, beenden die Berufsorientierung mit keinem beziehungsweise einem unklaren Ergebnis.

Manche TeilnehmerInnen, besonders solche mit einem Wechsel der beruflichen Perspektive während der Berufsorientierung, Personen mit unklaren Zielvorstellungen von Beginn an, Ältere und Schlechterqualifizierte, haben vermehrte Probleme, in der geforderten Zeit (zum Großteil zwischen 5 und 7 Wochen) einen tragfähigen „Karriereplan“ zu entwickeln. Die Wahl einer längeren und fundierteren Ausbildung scheitert häufig an den eigenen finanziellen Voraussetzungen und der Höhe des Stiftungseinkommens.

Die geäußerten Verbesserungsvorschläge hinsichtlich der Berufsorientierung sind:

- ein Betreuungsschlüssel und eine Gruppengröße, die genügend Zeit für Einzelgespräche und individuelle Unterstützung im Bedarfsfall zulassen;
- eine flexiblere Handhabung der BO-Dauer mit der Möglichkeit einer individuellen Nachbetreuung für die Personen, die in der vorgegebenen Zeit zu keinem fundierten Ergebnis kommen;

- die Schaffung zusätzlicher, bedarfsgerechter Angebote etwa im Bereich der EDV oder von Schlüsselqualifikationen für die Personen, die ihren Karriereplan frühzeitig erarbeitet haben und bis zum Start der gewählten Maßnahmen in der Berufsorientierung verbleiben;
- verbesserte Informationen über die „Stiftungsmodule", besonders über die „Gründungs- und Projektentwicklung", zu Beginn der Berufsorientierung;
- eine verstärkte Vernetzung mit Betrieben und Ausbildungsinstitutionen der Region sowie RGS-VerteterInnen als Ergänzung zu den bisherigen vor allem in „Selbstorganisation" geleisteten beruflichen Abklärungsaktivitäten.

Die gewählten *Aus- und Weiterbildungen* in der Stiftung entsprechen zum Teil der allgemeinen Entwicklung am Arbeitsmarkt, vor allem in Richtung der Ausbildungen für Sozial- und Gesundheits- sowie für Dienstleistungsberufe. Drei Viertel bezeichnen ihre Ausbildung als Qualifikation in einem neuen Beruf, für einen Teil davon handelt es sich um die erste berufliche Qualifizierung beziehungsweise um den Abschluß einer früher abgebrochenen Ausbildung. Problematisch im Sinne einer ungleichen Zugangschance für längere und fundierte Ausbildungen insbesondere in Hinsicht auf schulische und universitäre Ausbildungen sind die Verteilungen der längeren, über ein Jahr hinausreichenden Ausbildungen in den Bundesländern, die unterschiedliche Prioritätensetzungen (schnelle Vermittlung versus längere Ausbildung) verdeutlichen.

Gefordert wird von einem Teil der TeilnehmerInnen:

- eine verbesserte Begleitung und Betreuung während der Ausbildungen;
- eine vermehrte Unterstützung bei der Suche nach einem Praktikum beziehungsweise während des mit einer Ausbildung kombinierten Praktikums.

Die *„aktive Arbeitssuche"* ist zum Teil als Auffangbecken für „Problemgruppen" zu bezeichnen. Die oft anzutreffende geringe Betreuungsintensität und die auch in Hinsicht auf die vorliegenden Konzepte der beiden Branchenstiftungen mangelhafte inhaltliche Auffüllung reichen aber gerade bei Personen mit geringen Chancen am Arbeitsmarkt oft nicht aus, um Demotivation und Resignation zu verhindern. Immerhin beinahe ein Zehntel der TeilnehmerInnen gibt an, während der „aktiven Arbeitsuche" in keiner Form betreut worden zu sein.

Die Verbesserungsvorschläge beziehen sich in diesem Bereich auf die verschiedensten Ebenen:

- die zielgerichtete Strukturierung und konzeptionelle Planung der Maßnahme;
- verstärkte Kontakte zur regionalen Wirtschaft und eine verbesserte „Vermarktung“ der Angebote der Stiftung wie Praktika beziehungsweise der in der Stiftung vorhandenen Arbeitskräfte;
- eine bessere Vorabklärung über die Verbleibdauer und die geforderten Aktivitäten in der „aktiven Arbeitssuche“.

Die Angebote in den Bereichen *Projektentwicklung* und *Unternehmensgründung* werden von wenigen Personen in Anspruch genommen, sind aber die Maßnahmen, über die auch eine Schaffung von Arbeitsplätzen erreicht werden kann. Sie entsprechen damit vor allem den allgemeinen gegenwärtig geäußerten wirtschaftspolitischen Zielsetzungen. Bei den GründerInnen in den beiden Stiftungen spielen neben der häufig schon lange gehegten Absicht zur Selbständigkeit auch die diesbezüglichen Impulse in der Stiftung beziehungsweise die zeitliche und finanzielle Möglichkeit zur Ideenentwicklung und Gründungsumsetzung eine wichtige Rolle.

Die Schiene der „Gründungsberatung“ ist bei den verschiedenen Stiftungsträgern unterschiedlich intensiv besetzt, dementsprechend ist auch der Anteil der GründerInnen in den Bundesländern. Bezüglich der Ideenfindung und -abklärung und der Inhalte der Projektentwicklung und Unternehmensgründung liegen bislang zum Teil ungenützte Potentiale vor.

Die Verbesserungsvorschläge zielen in diesem Maßnahmenbereich vor allem auf folgende Punkte:

- eine verbesserte Gründungsinformation zu Beginn der Berufsorientierung;
- vermehrte Impulse durch beispielsweise spezielle „Gründungstage“ oder „Gründungsworkshops“ unter Einbindung von ExpertInnen und GründerInnen;
- eine Anknüpfung von Gründungsbestrebungen an regionale Entwicklungspläne und Bedarfsanalysen;
- die Berücksichtigung der Möglichkeiten des zweiten Arbeitsmarktes;
- eine Intensivierung des Erfahrungsaustausches zwischen den BeraterInnen und BetreuerInnen aus den unterschiedlichen Bundesländern in Hinsicht auf die Verbesserung der Struktur der Betreuung und der notwendigen Inhalte und Methoden.

8.3 Optionen für künftige Branchenarbeitsstiftungen

In Ableitung der bei der Analyse der beiden Branchenstiftungen AUSPED und AUFLEB eruierten „kritischen Punkte" in Organisation und Durchführung findet sich im folgenden stichwortartig aufgelistet, welche Faktoren für etwaige künftige Branchenstiftungen besonderer Beachtung bedürfen.

Konzeption

- Erarbeitung eines auf die Zielgruppe(n) hin „maßgeschneiderten" Konzeptes;
- frühestmögliche Einbindung der AMS-StiftungsexpertInnen in die Konzeptarbeiten;
- konkrete Definition der Zielgruppe(n);
- konkrete Definition der Stiftungsziele und der Maßnahmen zur Zielerreichung;
- konkrete Definition der Tätigkeitsprofile von ManagerInnen und TrainerInnen der regionalen Kooperationspartner;
- Erarbeitung von in der Praxis einfach handhabbaren Zugangsbestimmungen;
- klare kalkulatorische Ansätze die Mittelverwendung betreffend.

Organisation, Kooperation und Informationstransfer

- Nutzung von in den Regionen vorhandenen Infrastrukturen/Stiftungszentren;
- klare Definition der Vertragsbeziehungen zwischen den beteiligten Organisationen (schriftliche Regelungen bis ins Detail);
- frühestmögliche Einbindung der jeweils zuständigen Stellen des AMS;
- frühestmögliche Information von „Herkunftsbetrieben";
- systematische Kooperation mit potentiellen „Aufnahmebetrieben";
- frühestmögliche Erarbeitung einer Strategie zur Information potentieller StiftungsteilnehmerInnen und Klärung der jeweiligen Verantwortlichkeiten und Aufgaben;
- bestmögliche Kooperation mit und Information von MultiplikatorInnen (Betriebsräten und BeraterInnen der RGS);
- Klärung der Dokumentationsaufgaben der Stiftung und Herstellen qualitativ guter Datenbanken zur Erfassung der teilnehmerInnenbezogenen Aspekte (Status- und Verlaufsmerkmale);
- Herstellen guter Arbeitsbedingungen für TrainerInnen (Informationen über regionale Spezifika, infrastrukturelle Ausstattung).

Maßnahmen

- Strukturierung und klare Definition der einzelnen Maßnahmen;
- enge Kooperation bei der Entstehung der „Karrierepläne“ zwischen Stiftungen und RGS;
- Aufwertung der „aktiven Arbeitssuche“ in der Praxis;
- Aufwertung der „Job-creation“-Module in der Praxis;
- Aufwertung der Intensivmaßnahmen für Ältere in der Praxis.

Literatur

Arbeitsstiftungen. Erfahrungen und Entwicklungsperspektiven. Hrsg. von Ferdinand Lechner und Walter Reiter. Wien: Wissenschaftsverlag 1991.

AUFLEB-STIFTUNG (Nahrungsmittelstiftung). Informationsmappe. Hrsg. vom Nachrichten- und Informationsdienst der Gewerkschaft Agrar – Nahrung – Genuß. Wien: o. J.

AUSPED-News, Nr. 1/2. Hrsg. vom Ausbildungs- und Unterstützungsverein Spedition. Wien: 1995.

Branchenübersicht – Beschäftigte. Auswertung der Bundeswirtschaftskammer Österreich/Fachverband der Lebensmittelindustrie. Wien: Typoskript 1996.

Erhebung von Strukturdaten für das Speditionsgewerbe 1994. Erstellt vom Fachverband der Spediteure. Hrsg. vom Wirtschaftsförderungsinstitut der Bundeswirtschaftskammer. Wien: Typoskript 1995.

Erfolgsinstrument Arbeitsstiftung. Fünf Jahre Entwicklung, Beratung und Management von Arbeitsstiftungen gemeinsam mit Arbeitsmarktservice Steiermark und Land Steiermark. Hrsg. von der ÖSB-Unternehmensberatung GmbH. Wien: 1996.

Das Gründerprocedere bei ASPs und Stiftungen. Hrsg. von der ÖSB-Unternehmensberatung GmbH. Graz: Typoskript 1996.

Die Arbeitsmarktlage Ende November 1996. Presseinformation. Hrsg. vom Bundesministerium für Arbeit und Soziales. Wien: 1996.

Die Arbeitsstiftung. Eine Information des Arbeitsmarktservice Österreich und der ÖSB-Unternehmensberatung GmbH. Wien: 1995.

Die Nahrungs- und Genußmittelindustrie vor der Herausforderung des gemeinsamen Marktes. Kurzfassung. Hrsg. vom Österreichischen Institut für Berufsbildungsforschung. Wien: Typoskript 1995.

Die Speditionswirtschaft vor der Herausforderung des gemeinsamen Marktes. Kurzfassung. Hrsg. vom Österreichischen Institut für Berufsbildungsforschung. Wien: Typoskript 1995.

Dyk, Irene, Klammer, Johanna und Hansjörg Seckauer: Arbeitsstiftungen im regionalen Kontext. Untersuchung der arbeitsmarktpolitischen Relevanz von Arbeitsstiftungen am Beispiel der WTK-Kohlestiftung im Ampflwang. Linz: Typoskript 1995.

Evaluation AUFLEB/AUSPED. Zwischenberichte 1–4. Vorgelegt vom Institut für Arbeitsmarktbetreuung und -forschung Steiermark. Graz: Typoskripte 1996.

Feinkonzept Branchenstiftung Spedition des Ausbildungs- und Unterstützungvereines Spedition (AUSPED). Wien: Typoskript 1994.

Fördervertrag zwischen dem Arbeitsmarktservice Österreich und dem Ausbildungs- und Unterstützungsverein Spedition. Wien: Typoskript 1995.

Handbuch des österreichischen Arbeitsmarktrechts. Loseblattausgabe. Wien: ÖGB-Verlag 1996.

Kleine Zeitung vom 14. 12. 1996.

Konzeption AUFLEB (Nahrungsmittel-)Stiftung des Ausbildungs- und Unterstützungsvereines für Arbeitslose aus der Lebensmittelbranche AUFLEB. Wien: Typoskript o. J.

Nigsch, Otto: Arbeitsstiftungen. Linz: Typoskript 1996.

Schwerpunkt Arbeitsstiftungen (ÖSB-Informationen, Nr. 3/1996). Hrsg. von der ÖSB-Unternehmensberatung GmbH. Wien: 1996.

Statistisches Handbuch der österreichischen Sozialversicherung 1996. Hrsg. vom Hauptverband der österreichischen Sozialversicherungsträger. Wien: 1996.

Unterlagen zum ExpertInnentreffen „Branchenstiftung". Erstellt von der ÖSB-Unternehmensberatung GmbH. Wien: Typoskript 1996.

Vereinbarung. Abgeschlossen zwischen der AUFLEB – Ausbildung von Arbeitslosen aus der Lebensmittelbranche GmbH und der Theaterstiftung und Speditionsstiftung Steiermark. Wien: Typoskript 1996.

Die drei Publikationsreihen des Arbeitsmarktservice Österreich im Wiener Wissenschaftsverlag

AMS info 1
Gudrun Biffl, Helmut Hofer, Karl Pichelmann
Evaluierung von Instrumenten der experimentellen Arbeitsmarktpolitik in Österreich

AMS info 2
Reinhard Paulesich
Kooperative Unternehmensgründungen

AMS info 3
Ludwig-Boltzmann-Institut für Wachstumsforschung
Alter als Arbeitsmarktproblem

AMS info 4
Arno Heimgartner, Christine Knauder
Barrieren der Weiterbildung älterer ArbeitnehmerInnen

AMS info 5
Ruth Finder, Erich Dimitz (Ludwig-Boltzmann-Institut für Wachstumsforschung)
Abgewiesen: Invalide ohne eine Chance auf Arbeit – und ohne Pension

AMS info 6
Günter Nowak
Die österreichischen Berufsinformationszentren

AMS info 7
Ulli Pastner, Ulrike Papouschek (FORBA, Wien)
Im Dornröschenschlaf: Betriebliche Frauenförderung in Österreich

AMS info 8
Petra Draxl, Trude Hausegger
Die Weiterbildung von Beschäftigten als Inhalt der Ziel-4-Maßnahmen des Europäischen Sozialfonds

AMS info 9
Alfred Schabmann, Christian Klicpera
Zum Stand der beruflichen Integration lernbehinderter Menschen

AMS info 10
Gudrun Biffl, Alois Guger, Hedwig Lutz, Markus Marterbauer
Kosten und Nutzen der sozialen Sicherheit von AusländerInnen

AMS info 11
Christiane Heilbrunner
Behinderte AusländerInnen in Österreich

AMS info 12
Claudia Galehr
Zur Arbeitsmarktsituation von AkademikerInnen in Österreich
Ruth Finder
Beschäftigungschancen von HochschulabsolventInnen
Ergebnisse einer Unternehmensbefragung

AMS info 13
Manfred Saurug, Peter Stoppacher, Renate Zingerle
Branchenstiftungen: Die Chancen, Stärken und Schwächen eines neuen Instruments der Arbeitsmarktpolitik

AMS info 14
Neue arbeitsmarktpolitische Maßnahmen in Oberösterreich

AMS info 15
Ferdinand Lechner, Peter Neudorfer, Walter Reiter, Andreas Riesenfelder
Die Betriebliche Eingliederungsbeihilfe (BEB)

AMS info 16
Die Integration von AusländerInnen am österreichischen Arbeitsmarkt

AMS report 1
Ergebnisse der innovativen Arbeitsmarktpolitik
64 Seiten, 80,– öS
ISBN 3-85170-004-X

AMS report 2
Günter Nowak
Die österreichischen Berufsinformationszentren
24 Seiten, 60,– öS
ISBN 3-85170-006-6

AMS report 3 international
Petra Draxl, Trude Hausegger
Beschäftigte qualifizieren – den strukturellen Wandel unterstützen
Ein erster Aufriß der Ziel-4-Umsetzung in Dänemark, Deutschland, Finnland und den Niederlanden
84 Seiten, 120,– öS
ISBN 3-85170-007-4

AMS report 4
Arno Heimgartner, Christine Knauder
Barrieren der beruflichen Weiterbildung älterer ArbeitnehmerInnen
32 Seiten, 60,– öS
ISBN 3-85170-008-2

AMS report 5
Behindertsein in Österreich
60 Seiten, 80,– öS
ISBN 3-85170-011-2

AMS studie 1
Helga Fehr-Duda, Ferdinand Lechner, Peter Neudorfer, Walter Reiter, Andreas Riesenfelder
Die Effektivität arbeitsmarktpolitischer Beschäftigungsmaßnahmen in Österreich
Ergebnisse einer Wirkungsanalyse der „Aktion 8000"
88 Seiten, 200,– öS
ISBN 3-85170-005-8

AMS studie 2
Ruth Finder unter Mitarbeit von Erich Dimitz, Volker Eickhoff, Matthias Euba, Simon Gächter, Sigrid Stagl
Die Diskriminierung Älterer am Arbeitsmarkt
128 Seiten, 260,– öS
ISBN 3-85170-009-0

AMS studie 3
Ulli Pastner, Ulrike Papouschek (FORBA, Wien), unter Mitarbeit von Martina Scheinecker, Gertrud Baumgartner, Renate Winterauer
Im Dornröschenschlaf: Betriebliche Frauenförderung in Österreich
264 Seiten, 380,– öS
ISBN 3-85170-010-4

AMS studie 4
Manfred Saurug, Peter Stoppacher und Renate Zingerle
Branchenstiftungen in Österreich
Die Entwicklung eines Modells
136 Seiten, 260,– öS
ISBN 3-85170-012-0

Zu folgenden Themen sind Publikationen in Vorbereitung
- Dienstleistungen für private Haushalte
- Neue Beschäftigungsmöglichkeiten im Umweltbereich
- AusländerInnenintegration

Abonnement
Abonnenten erhalten vier Ausgaben des **AMS report** zum Sonderpreis von 200,– öS, vier Bände der **AMS studien** zum Sonderpreis von 580,– öS und bei Bestellung bereits erschienener Titel 30 % Rabatt.
In den genannten Einzel- und Abopreisen sind die Versandkosten bereits inkludiert.
Das **AMS info** ist kostenlos zu beziehen.

Bestellungen richten Sie bitte an den Wissenschaftsverlag, Neustiftgasse 17/6, 1070 Wien, Tel.: 522 87 84, Fax: 522 87 849.

Die Titel der AMS-Reihen **report** und **studien** sind auch im gut sortierten Fachhandel erhältlich, u. a. bei:
Das internationale Buch, Buchhandlung Kolisch, Buchhandlung Winter, Zentralbuchhandlung.

AMS studie

3

Ulli Pastner und Ulrike Papouschek
FORBA, Wien

Im Dornröschenschlaf: Betriebliche Frauenförderung in Österreich

Herausgegeben vom
Arbeitsmarktservice Österreich

Wissenschaftsverlag

AMS